著作出版受到黑龙江省属高校基本科研业务费科研项目人文社会科学类后期资助项目"高质量发展背景下企业成长的营商环境优化研究"（145109602）和黑龙江省哲学社会科学项目"黑龙江省营商环境优化研究"（18JYH764）资助。

高质量发展背景下企业成长的营商环境优化研究

齐秀辉　王维　武志勇　著

图书在版编目（CIP）数据

高质量发展背景下企业成长的营商环境优化研究 / 齐秀辉，王维，武志勇著. —北京：中国商务出版社，2022.11

ISBN 978-7-5103-4474-9

Ⅰ.①高… Ⅱ.①齐… ②王… ③武… Ⅲ.①企业环境—投资环境—研究—中国 Ⅳ.① F279.23

中国版本图书馆 CIP 数据核字 (2022) 第 202148 号

高质量发展背景下企业成长的营商环境优化研究
GAOZHILIANG FAZHAN BEIJING XIA QIYE CHENGZHANG DE YINGSHANG HUANJING YOUHUA YANJIU

齐秀辉　王维　武志勇　著

出　　版：	中国商务出版社
地　　址：	北京市东城区安定门外大街东后巷 28 号　邮　编：100710
责任部门：	教育事业部（010-64243016）
责任编辑：	刘姝辰
总 发 行：	中国商务出版社发行部（010-64208388　64515150）
网购零售：	中国商务出版社考培部（010-64286917）
网　　址：	http://www.cctpress.com
网　　店：	http://shop595663922.taobao.com
邮　　箱：	349183847@qq.com
开　　本：	710 毫米 × 1000 毫米　1/16
印　　张：	12.5
字　　数：	182 千字
版　　次：	2023 年 2 月第 1 版
印　　次：	2023 年 2 月第 1 次印刷
书　　号：	ISBN978-7-5103-4474-9
定　　价：	58.00 元

凡所购本版图书有印装质量问题，请与本社总编室联系。（电话：010-64212247）

版权所有　盗版必究（盗版侵权举报可发邮件到此邮箱：1115086991@qq.com 或致电：010-64286917）

前言

本书是对作者前期研究成果的总结，作者梳理并汇总了黑龙江省属高校基本科研业务费科研项目人文社会科学类后期资助项目"高质量发展背景下企业成长的营商环境优化研究"（145109602）和黑龙江省哲学社会科学项目"黑龙江省营商环境优化研究"（18JYH764）的部分研究报告内容与学术论文的研究成果，力求为东北地区营商环境优化，推动区域经济高质量发展提供决策参考。

"中国之治"最强音　经济治理是关键

健全的治理体系和高超的治理能力是国家有序运行、健康发展的基本条件，也是人民安居乐业、社会安定有序、国家长治久安的重要保障。党的十九届四中全会聚焦于国家治理体系和治理能力建设，系统地总结了"中国之治"的13项制度原则，释放了"中国之治"的最强信号。中国特色社会主义制度是党和人民在长期实践探索中形成的科学制度体系，我国国家治理体系和治理能力是中国特色社会主义制度及其执行能力的集中体现。

国家治理涉及政治、经济、文化、社会、生态文明等多个领域、多个维度的制度安排。经济治理体系在国家治理体系中处于非常重要的位置，经济建设是党的中心工作，经济治理是国家治理体系和治理能力的关键体现。经济治理的理想目标，应当既能充分发掘经济潜能、释放经济活力，又能有效弥补市场失灵、维护市场运行秩序，实现国家经济利益和人民福祉最大化。

经济治理和高质量发展的客观要求

营商环境是一个国家和地区非常重要的软实力，也是区域经济发展的核心竞争力。"水深则鱼悦，城强则贾兴"，营商环境的好坏影响资本的流动，既体现当地的经济发展状况，也反映出区域竞争实力。世界银行相关报告指出，开办企业需要的时间每减少10天，就会使投资率增长0.3个百分点，GDP增长率将提升0.36个百分点。良好的营商环境是吸引力、竞争力，更是创造力、驱动力，也是经济社会发展的风向标。

优质的营商环境离不开政府的积极作为，代表着政府公共服务的效率和质量，是增强竞争力与影响力的必要因素。营商环境就是生产力，优化营商环境就是解放生产力、发展生产力。中国经济站在新的历史方位，面临一个前所未见的历史关口。"三期叠加""经济发展新常态""由高速增长阶段转向高质量发展阶段""百年未有之大变局""仍处于并将长期处于重要战略机遇期"，高瞻远瞩的战略判断，成为制定各项宏观经济政策的根本出发点。

优化营商环境是实现经济高质量发展的内在要求。东北地区要有效破解投资的难题，必须痛下决心提高治理能力，持续优化营商环境，真正激发社会潜能，进而释放区域发展的内生动力。一手抓项目建设，一手抓环境建设，由过去追求政府优惠政策的"洼地"转向构筑公平营商环境的"高地"，切实为企业纾难解困，推动企业健康可持续发展，让市场主体真正体会到更简洁的审批流程、更强有力的监管政策和更优质的服务质量。

在提升经济治理能力方面，东北老工业基地的全面振兴需要进一步优化营商环境，避免权力部门对市场要素配置、公平竞争等的干预。同时需要关注市场主体间的差异，既要发挥资源配置中市场主体的决定性作用，又要防止企业运行超越自我调节能力出现的两极分化。进一步完善公平、公正、统一的市场规则，加强关注特殊的、系统性的困难，塑造良好的经济治理体系。

全书分为8章：第1章绪论；第2章概念界定与理论基础；第3章东北三省企业家精神和营商环境现状调研；第4章营商环境调节下企业家精神与企业成长性关系研究；第5章营商环境调节下企业风险承担与企业绩效的关系研究；第6章双元创新对企业家精神与企业绩效关系的影响；第7章激发和保

护企业家精神的政策梳理、机制分析和典型经验借鉴；第8章高质量发展背景下企业成长的营商环境优化建议。其中，齐秀辉撰写了第1章、第4章、第5章和第6章；王维撰写了第3章和第8章；武志勇撰写了第2章和第7章。

在本书撰写过程中，学术界的朋友给了我们莫大的支持和鼓励，著作即将出版，感谢你们的指导与帮助，感谢我的研究生权飞、王群在数据收集和数据分析中艰辛的工作与付出。同时，本书在撰写过程中借鉴了国内外的相关研究成果，在此对各位学者、专家表示由衷的感谢！

作者

2022年7月

摘要

富有竞争力的企业是高质量发展的微观基础。高质量发展必须把培育有核心竞争力的优秀企业作为各类经济政策的重要出发点，真正打牢高标准市场体系的微观基础。企业是微观经济的细胞，企业家在经济增长中发挥着日益重要的作用，而企业家精神是经济增长的原动力，有助于在新常态下实现经济的全面振兴。东北三省近年来经济增长持续放缓，企业家精神的状况不容乐观；而企业家精神是推动经济增长的主要助推力，研究激发和保护企业家精神的机制与对策就显得尤为重要。本书对东北三省激发和保护企业家精神的现状进行了探索，以研究在创新创业沉寂地区的企业家精神的构建与保护机制。主要包括以下几方面内容：

1. 文献梳理与理论研究。一是课题的选题背景、目的、意义，相关国内外研究现状梳理、研究内容和方法、创新点等；二是对企业家精神、企业成长和营商环境等概念进行界定，阐述了相关理论基础：高阶段梯队理论、委托代理理论、现代管家理论和产业组织理论等。

2. 东北三省企业家精神和营商环境发展现状调查与问题分析。从东北三省企业家精神发展的现状入手，通过对个体层面（个体私营从业人数）、组织层面（企业）与外部环境层面（营商环境）的现状描述，归纳出企业家精神发展总体不佳的问题，最后对东北地区企业家精神发展的客观现实状况做出相关评价。

3. 营商环境、企业家精神与企业成长的机理分析。一是实证研究企业家"双创"精神与企业成长性之间非线性关系的作用机理，拓展了企业家精神与企业成长性关系研究的思维框架。二是实证分析营商环境调节下企业风险承担与企业绩效关系。研究得出：风险承担与企业绩效呈显著负相关；当企业绩效位于90%分位点时，风险承担与企业绩效之间呈显著正相关；营商环境弱化了风险承担对企业绩效的抑制效应，且表现出显著的"倒U"型门槛特征；随着营商环境不断优化，风险承担对企业绩效的抑制效应会逐渐减弱。三是实证分析双元创新对企业家精神与企业绩效的中介效应，以及外部亲清政商关系、内部股权激励在其中的调节作用。研究发现：企业家精神显著正向影响企业绩效，探索式创新和利用式创新皆在企业家精神与企业绩效间起部分中介作用，亲清政商关系在企业家精神与探索式创新间起促进作用，但在企业家精神与利用式创新间则起抑制作用，股权激励正向调节企业家精神与双元创新的关系。

4. 激发和保护企业家精神的政策梳理、机制分析与国内外典型经验借鉴。本研究认为，企业家精神体系构建受到包括行政干预、法律体系和财政支持的体制环境的企业外部动力机制的制约，以及激励机制、人力资本机制和企业文化机制的企业内部动力机制制约。企业内外部动力机制合力影响并作用于企业家精神的激发与保护，并对东北三省企业家精神的发展产生深远影响。

5. 高质量发展背景下企业成长营商环境优化建议。根据国内外发展经验，激发和保护企业家精神的关键是以供给侧结构性改革、产业升级与创新驱动为重点，来营造有利于激发和保护企业家精神的内外部环境，同时还要发挥好政府制度创新、文化创新、促进人力资本发展等组合动力的作用。最后又针对不同行业、不同产权性质和不同规模企业提出针对性的营商环境优化建议。

关键词：企业家精神；企业成长；营商环境；风险承担；双元创新

目 录

第1章 绪 论 ·· 1
    第1节 选题背景与意义 ·· 2
    第2节 国内外研究现状 ·· 12
    第3节 研究内容与方法 ·· 23
    第4节 创新之处 ·· 26

第2章 概念界定与理论基础 ·· 29
    第1节 概念界定 ·· 30
    第2节 理论基础 ·· 54

第3章 东北三省企业家精神和营商环境现状调研 ························· 59
    第1节 东北三省企业家精神发展现状 ··· 60
    第2节 东北三省营商环境发展现状 ·· 63
    第3节 激发和保护企业家精神存在的问题 ·································· 68
    第4节 影响东北三省企业家精神发挥的因素分析 ························ 70

第4章 营商环境调节下企业家精神与企业成长性关系研究 ··········· 73
    第1节 机理分析与研究假设 ·· 74
    第2节 研究设计 ·· 80
    第3节 实证分析 ·· 84

第5章　营商环境调节下企业风险承担与企业绩效的关系研究 93
第1节　理论分析与研究假设 95
第2节　研究设计 96
第3节　实证分析 99

第6章　双元创新对企业家精神与企业绩效关系的影响 107
第1节　理论分析与研究假设 109
第2节　研究设计 115
第3节　实证分析 117

第7章　激发和保护企业家精神的政策梳理、机制分析和典型经验借鉴 125
第1节　激发和保护企业家精神的政策梳理 126
第2节　激发和保护企业家精神机制的理论构架 129
第3节　国内外典型地区激发和保护企业家精神的经验借鉴 134

第8章　高质量发展背景下企业成长营商环境优化建议 141
第1节　改进激发企业家精神的政府行为 142
第2节　充分发挥激励机制的作用 143
第3节　提倡创新创业开放包容的社会文化 145
第4节　不断提升企业家人力资本 146
第5节　进一步优化东北三省营商环境 147
第6节　异质性企业营商环境优化建议 148

结　论 157

不足与展望 160

附　录 161

参考文献 167

第1章

绪　论

第1节　选题背景与意义

习近平总书记多次指出,"要加快完善公平竞争的市场建设","改善营商环境和创新环境,降低市场运行成本,提高运行效率,提升国际竞争力"。李克强总理2017年作出"营商环境就是生产力"的重要论断。可见,营商环境建设已成为地方政府落实全面深化改革部署、推动区域发展动力转换的重要内容和政策工具,成为提升区域生产力和竞争力的突破口、主抓手。对营商环境的关注不断升温,近年来成为学者研究的热点。

一、选题背景

(一)富有竞争力的企业是高质量发展的微观基础

党的十九届六中全会通过《中共中央关于党的百年奋斗重大成就和历史经验的决议》,强调要实现高质量发展。2021年11月24日《人民日报》6版刊发中共中央政治局委员、国务院副总理刘鹤署名文章《必须实现高质量发展》。刘鹤首先指出实现高质量发展是我国经济社会发展历史、实践和理论的统一,具有其必然性,并且详细阐释了高质量发展的具体内涵,强调了实现高质量发展的动力和保障在于加快构建新发展格局、深化供给侧结构性改革、坚持改革开放、坚持"两个毫不动摇"。

高质量发展是体现新发展理念的发展,必须坚持创新、协调、绿色、开放、共享发展相统一。富有竞争力的企业是高质量发展的微观基础。高质量发展必须把培育有核心竞争力的优秀企业作为各类经济政策的重要出发点,真正打牢高标准市场体系的微观基础。企业好经济就好,居民有就业、政府有税收、金融有依托、社会有保障。虽然近两年我国位列世界500强的企业数量连续居于全球首位,但主要依赖规模,创新引领力、国际竞争力与世界一流水平还存在差距。数量庞大的小企业活力强，但市场竞争力弱、升级能力不足。国有企业要不断深化改革，高效公平地参与市场竞争。大量民营企业要向"专、精、特、新"方向发展，把敢于冒险的企业家精神和公司治理的规范性统一起来。企业家是要素整合者、市场开拓者、创新推动者。企业家就像鱼一样，水质水温适宜就会游过来。因此要为企业家创造良好的市场环境，使他们发挥作用。

（二）企业家精神发挥是企业成长的关键动力

1. 企业家精神是推动经济发展的内生动力和发展引擎

近年来，我国处于经济质效稳步提升的重要时期，需要引进外部投资和先进技术为经济发展夯实基础。然而，"以市场换技术"的发展模式所遗留的问题，致使我国企业缺乏核心技术和持续创新能力，因此导致经济发展后劲不足。但是，"大众开辟、万众创新"倡议的提出，无疑为处在简政放权改革道路上的市场主体开辟了成长空间。同时将企业、员工以及创新、创业等要素融合在一起，打造出拉动内需、扩大就业以及推动我国经济持续增长的新引擎。由此，我国经济软实力在新旧动力转换的过程中释放出无限活力，从而使得新的经济增长点得到实质性突破。在此背景下，"激发和保护企业家精神"被写进党的十九大报告，并以文件形式具体界定了存在的地位和价值。企业家精神作为推动经济发展的内生动力和发展引擎，已成为实现区域经济发展和就业增长的主要战略途径之一[1]，可以在企业进行生产经营活动面临问题时提供指引，成为企业可持续发展的风向标，助力中国经济快速增长。还有很重要的一点是，实现经济发展需要完善的国家制度做基础，维持经济实现持续发展不仅仅涉及经济问题，同时还与其背后的政治制度有关。经济发展过程中作出的任何选择都需要母国的政治基础为根基，任何脱离母国政治基础的经济发展都无法维持长久。诸多研究也证实国家制度在经济发展过程中发挥着无可比拟的重要作用[2, 3]。一个国家的制度环境越好，其可供市场主体发展的环境就越完善，各项产权制度、政府政策推行起来也比较顺利[4]。但是，企业生产经营活动总是在极不确定的外部环境中进行，为保持良好的成长能力，企业就需要不断调整经营战略来适应动态的竞争环境。因此，企业所处的营商环境对企业发展起着重要的作用。

2. 大力弘扬企业家精神

习近平总书记强调，"弘扬企业家精神，推动企业发挥更大作用实现更大发展，为经济发展积蓄基本力量"。当前，我们亟须大力弘扬企业家精神，锻造一支具有爱国、创新、诚信、有社会责任和国际视野等特质的优秀企业家队伍，为立足新发展阶段、贯彻新发展理念、构建新发展格局、推动高质量发展注入动能。

创新是推动经济发展的重要引擎，加快创新发展需要企业家精神。企业家是新时代发展创新型经济、建设创新型国家和世界科技强国的重要力量。企业家作为创新发展的探索者、组织者、引领者，应追求卓越、敢闯敢试、敢于承担风险，推动生产组织创新、技术创新、市场创新，重视技术研发和人力资本投入，有效调动员工创造力，努力把企业打造成为强大的创新主体，通过自主研发加速推动各领域核心技术突破，努力解决"卡脖子"问题。

激发市场活力需要企业家精神。改革开放以来，我国社会主义市场经济体制不断完善，市场体系不断发展，市场具有强大韧性和活力。截至2019年底，我国共有市场主体1.23亿户，其中企业3858万户，个体工商户8261万户。激发市场活力的重点之一在于调动企业家的积极性。社会主义市场经济是信用经济、法治经济。企业家作为市场经济的主体，肩负着繁荣市场、发展经济的时代重任，应大力弘扬企业家精神，遵从法治精神和市场规则，专注产品质量、企业品牌和信誉，共同建设良好的市场环境，不断激发市场活力。

经过改革开放40多年的发展，我国企业利用国内国际两个市场、两种资源的能力不断提升，涌现一批具有全球竞争力的企业，这与企业家们拥有开阔的国际视野、敢拼敢闯的精神密切相关。从长远看，经济全球化仍是历史潮流。构建新发展格局，以国内大循环为主体、国内国际双循环相互促进，绝不是关起门来封闭运行，而是通过发挥内需潜力，使国内市场和国际市场更好联通，更好利用国内国际两个市场、两种资源，实现更加强劲可持续的发展。在当前保护主义上升、世界经济低迷、全球市场萎缩的外部环境下，应大力弘扬企业家精神，增强企业家爱国情怀，把企业发展同国家繁荣、民族兴盛、人民幸福紧密结合在一起，抢抓市场机遇，办好一流企业，实现质量更好、效益更高、竞争力更强、影响力更大的发展，立足中国，放眼世界，提高把握国际市场动向和需求特点的能力，在更高水平的对外开放中实现更好发展，推动建设开放型世界经济，为我国经济社会发展作出新的更大贡献。

企业家精神作为经济增长的内生原动力和发展引擎，成为实现区域经济发展和就业增长的主要战略途径之一，具有企业家精神的民营企业家通过创业活动推动我国经济快速增长。在此背景下，2017年9月8日，中共中央、国务院印发了《关于营造企业家健康成长环境弘扬优秀企业家精神更好发挥企业家作用的意见》，首次以专门文件明确企业家精神的地位和价值，同时，"激发和保护企业家精神"被写进党的十九大报告。由此可见，培育优秀的企业家精神是现实所需，以此来推动经济增长、增加就业、调整经济结构已成为社会共识。

（三）进一步优化营商环境

1. 培育优秀的企业家精神，持续优化良好的营商环境

近年来，政府以制度创新为本，营商环境为魂，加速优化营商环境的步伐，通过为企业创造更好的营商环境，促进企业实现可持续发展。同时，政府出台《优化营商环境条例》，以法治的形式为各类市场主体提供制度保障，意在正确引导、规范市场行为。政府出台相关政策建立健全市场化退出机制，厘清政府、市场边界，构建亲、清的政商关系，多维度、多方位拓展企业家成长空间，进而促进企业健康发展，促进经济增长[5]。

基于此，培育优秀的企业家精神，持续优化良好的营商环境，科学认识企业家精神、营商环境在经济发展过程中发挥的作用[6]，坚持推进"大众创业、万众创新"的国家政策，持续完善法治化、国际化、便利化的营商环境，助力企业在动荡的竞争环境中获得竞争优势，持续增强企业家进行创新创业活动的意愿，在更大范围、更高层次、更深程度上推进"双创"建设，进而实

现企业可持续成长，推动经济高质量转型发展。

2. 聚焦企业关切，进一步推动优化营商环境政策落实

《中共中央国务院关于新时代加快完善社会主义市场经济体制的意见》强调，"在更高起点、更高层次、更高目标上推进经济体制改革及其他各方面体制改革，构建更加系统完备、更加成熟定型的高水平社会主义市场经济体制"。必须处理好政府、市场、社会等各方关系，在关键性、基础性重大改革上有突破有创新，解放、创造和保护先进的生产力，重点完善产权制度和要素市场化配置，创新政府管理和服务方式，完善市场经济法律制度，以高水平的开放推动深层次市场化改革，实现"产权有效激励、要素自由流动、价格反应灵活、竞争公平有序、企业优胜劣汰"的要求。这是建设良好市场经济体制，体现制度优势，完善国家治理体系，增强治理能力，提高治理效能的迫切需要。

党中央、国务院高度重视深化"放管服"改革、优化营商环境工作，近年来部署出台了一系列有针对性的政策措施，优化营商环境工作取得积极成效。但同时我国营商环境仍存在一些短板和突出问题，企业负担仍需降低，小微企业融资难、融资贵仍待缓解，投资和贸易便利化水平仍有待进一步提升，审批难、审批慢依然存在，一些地方监管执法存在"一刀切"现象，产权保护仍需加强，部分政策制定不科学、落实不到位等。亟须以市场主体期待和需求为导向，围绕破解企业投资生产经营中的"堵点""痛点"，各地方政府做好"店小二"，真正为企业纾难解困，加快打造市场化、法治化、国际化营商环境，增强企业发展信心和竞争力。

二、研究目的

（一）研判高质量发展下企业成长的营商环境问题

习近平总书记强调"新时代东北振兴，是全面振兴、全方位振兴"，这是党和国家事业发展全局中的战略性任务，标志着东北振兴进入了新时期、新阶段。国家出台《关于支持东北地区深化改革创新推动高质量发展的意见》

(中发［2019］37号）和12个部委的配套政策，必须深刻认清并牢牢抓住千载难逢的重大历史性机遇，奋发有为。因此，充分发挥东北科技基础雄厚的优势地位，从持续优化营商环境入手，激发企业家精神，加强东北知识产权保护，鼓励创新，增强市场活力，逐步实现东北振兴。本书聚焦东北三省营商环境建设问题，以企业成长环境为主要研究对象，深入调查软环境、政务环境、市场环境、法治环境、基础设施环境、要素环境等对企业创新成长的影响，从企业角度系统分析营商环境建设中存在的主要问题，找到影响营商环境优化的关键点和问题所在。

（二）揭示营商环境、企业家精神对企业成长性的作用机理

企业家在企业中的独特地位，对企业核心竞争力的形成意义重大，为企业可持续发展提供动力。在"大众创业、万众创新"战略驱动下，培育企业家精神来推动经济增长、增加就业、调整经济结构已成为社会共识。由于企业所处的市场环境充满不确定性，企业家精神能够在一定程度上引导企业尽快适应当前激烈的市场竞争环境，助力企业顺利进行生产经营活动。因此，持续优化营商环境就是厚培企业高质量发展的经营环境，有助于企业家精神合理配置，最大限度地发挥企业家精神对企业成长性积极影响。本书旨在揭示营商环境、企业家"双创"精神对企业成长性的影响机理，在机理分析的基础上进行实证研究，验证研究假设，以期为培育企业家精神提供参考和建议。

1. 构建营商环境、企业家"双创"精神对企业成长性的影响机理模型，分析企业家"双创"精神与企业成长性之间的作用机理，以及营商环境在二者关系中的调节作用。

2. 实证检验企业家"双创"精神对企业成长性的影响，通过量化分析厘清企业家"双创"精神对企业成长性的作用效果，揭示企业家"双创"精神与企业成长性的非线性作用关系。

3. 区分产权性质，对国有企业和非国有企业的实证结果进行对比分析，为不同产权性质的企业培育企业家精神提供参考和建议。

（三）实证分析营商环境、企业风险承担与企业绩效的作用关系

近年来，我国企业不断受到国内外风险挑战的冲击，严重影响着企业发展。企业经营过程中规避风险的一个必要条件是处于良好透明且公平公正的营商环境之中，这对企业规避市场进入风险、竞争风险、投融资风险等方面具有重要意义[7]。本书将营商环境、风险承担以及企业绩效纳入同一个分析框架，通过实证分析厘清三者之间的内在联系。现有关于企业绩效受风险承担影响的研究较多，但是大部分学者实证得出风险承担与绩效呈正相关，本项目进一步实证二者关系。关于营商环境对风险承担与企业绩效二者之间关系的影响研究较少，本研究实证分析营商环境在风险承担与企业绩效的关系中是否具有调节作用，方向如何，是否存在门槛效应。

（四）实证分析双元创新对企业家精神与企业绩效的中介效应

企业家精神特有的冒险性及创造性是企业开展创新的源动力。本书从双元创新中介效应、外部亲清政商关系与内部股权激励调节作用入手，实证分析企业家精神与企业绩效间的关系，厘清了企业家精神、双元创新与企业绩效之间的关系，以及亲清政商关系与股权激励的调节作用，在理论和实践上具有一定的参考价值。

三、研究意义

营商环境质量为市场经济的可持续增长和长期竞争力提供了先决条件，是市场主体赖以生存和发展的土壤，营造良好的营商环境就是厚培企业高质量发展的经营环境。企业家精神可以通过知识溢出、竞争以及企业多样化影响促使企业加大研发投入，提高生产效率，进而增强核心竞争力，为企业提供持续发展的动力。

高度重视当前大的营商环境背景下企业家精神所起到的重要作用，有助于形成企业的核心竞争能力。在复杂混沌、多变且充满不确定性的市场环境中，任何优势都无法长久。要保持竞争优势，通常应建立免疫机制和实施创

新战略，成为能够与环境互动的适应性企业。为了保持持续竞争优势，企业创新活动必须从一种偶发事件发展为企业活动的一项惯例。这个过程是企业家精神在企业内部的逻辑延伸。因此，企业竞争优势特别是核心竞争力是企业成长的基础，企业成长是企业竞争优势的外显，两者都由企业家所推动。在不同的发展阶段可以通过良好的营商环境高地来作用于企业家精神提升，进而促进企业成长，打造优质的营商环境能够使企业快速适应市场变化，促使企业高速高质成长。

东北三省当前自然环境受限、营商环境不优、法治建设水平不高，体制性、结构性等深层次矛盾问题突出。区域经济发展差距的背后是营商环境的差距，短板是缺乏良好的营商环境。加强营商环境建设是引领经济发展新常态的客观需要，是推进东北全面振兴的必然要求，是推动招商引资和项目建设，促进振兴发展的重要保障。因此，该研究既能丰富营商环境研究的理论成果，又具有重要的现实意义和应用价值。

（一）理论意义

本研究通过实证分析真实揭示了营商环境、企业家精神与企业成长性之间的作用关系。最终实证结果显示：企业家创业精神与企业成长性之间存在"U型"曲线关系，企业家创新精神与企业成长性之间存在"倒U型"曲线关系，以及营商环境正向调节二者非线性关系等相关结论。研究结论扩展了企业家精神与企业成长性关系研究的相关理论成果，丰富了我国大中型城市营商环境差异下企业家精神对企业成长性的研究内容。

1. 拓展了本土情境的营商环境研究成果

我国对于营商环境的研究尚处于起步阶段，其中理论研究较多。实证方面，学术界对营商环境的衡量大多借助世界银行公布的调研数据，对我国的适用性还有待研究。本研究利用粤港澳大湾区本土化的营商环境调研数据，为基于我国文化背景下的企业家精神研究提供较为可靠的保障。

2. 一定程度上补充了企业家精神研究的成果

企业家精神为企业家在企业生产经营活动中进行技术创新提供了动力源

泉,对促进企业成长具有重要意义。关于企业家精神对企业成长性之间线性关系的研究较多,但对于研究企业家精神与企业成长性之间的非线性关系较少。基于此,本研究从非线性角度出发,以营商环境为调节变量,深入研究企业家精神与企业成长性之间非线性的作用关系。研究结论丰富了"双创"理论研究。

3. 厘清了营商环境、风险承担以及企业绩效三者之间的内在联系

现有关于企业绩效受风险承担影响的研究较多,但是大部分学者实证得出风险承担与绩效呈正相关。实证得出：风险承担与企业绩效呈显著负相关,只有当企业风险承担水平达到一个较高水平时,风险承担才会对企业绩效产生正向影响,该结论扩展了风险承担与企业绩效关系研究的相关理论成果；关于营商环境对风险承担与企业绩效二者之间关系的影响研究较少,本研究实证结论为：营商环境在风险承担与企业绩效的关系中具有显著的正向调节作用,且存在三重门槛。基于营商环境三重门槛条件下,营商环境持续优化带来的结果是持续增强企业承担风险能力,进而提升企业绩效。研究结论丰富了我国大中型城市营商环境差异下有关风险承担对企业绩效的研究内容。

(二)现实意义和应用价值

1. 有利于摸清东北三省企业和企业家的真实诉求,为提高政府治理能力提供决策参考。

良好的营商环境是企业成长发展的土壤,是吸引企业集聚的平台,是促进经济发展的基础竞争力。市场营商环境好不好,企业最有体会,也最有发言权。本研究能够摸清、摸透企业生产经营中的"难点、痛点、堵点",有利于政府科学制定决策,提高政府治理能力。

2. 有利于系统性破解东北地区营商环境困局,缩小差距

营商环境是国家或区域的基础竞争力,已成为地方政府间竞争的重要场域。本研究深入分析政府、社会、市场、文化等诸多方面,对标、对比、对照先进省市,找到差距和主要问题,为系统性破解东北地区营商环境困局提供思路,缩小差距。

3. 有助于企业形成核心竞争能力

企业要想在一个动态的市场环境中牢牢占据市场份额，就必须处在一种良性的市场环境中，否则任何优势都不可能长久维持。通常情况下，企业会选择建立特殊的隔绝机制阻断外部风险，保持来之不易的市场份额，并实施新的创新战略巩固企业的核心竞争能力。显而易见的是，这两种途径的选择和执行都与企业家能力有莫大的关联，前者的建立需要发挥企业家能力，后者则是集中凸显企业管理者的基本职能。良好营商环境背景下的企业家在配置企业资源时，始终遵循企业的长远发展目标，通过政府构筑的营商环境高地使企业快速适应市场变化，巩固市场竞争地位，促使企业高速高质成长。

4. 有利于持续推动企业家"双创"精神培育

为保证企业获得的市场份额不被竞争者蚕食，企业必须将偶发的创新创业活动发展为企业日常经营活动的惯例，及时更新企业所提供的产品和服务，保证企业不被市场淘汰。整个经营过程可以看成是企业家创新创业精神不断在企业内部进行逻辑延伸，在企业外部建立完善的竞争体系，获得市场竞争优势。因此，企业竞争优势为企业成长奠定了基础，而企业成长则是对企业竞争优势取得成果的证明，二者皆由企业家所推动。本书通过研究营商环境在企业家精神与企业成长间的调节作用，总结出影响企业家精神发挥的重要因素，为我国企业家发挥"双创"精神提供借鉴。有利于打造东北三省公平的营商环境，促进区域竞争力提升。东北地区与东部沿海相比投资营商环境较差，亲商、安商、富商氛围不浓。本书研究对促进投资环境的改善，打造公平的商事制度环境，促进区域竞争力提升具有重要意义。

第 2 节 国内外研究现状

一、国外研究现状

（一）企业家精神的度量方式

企业家精神所表现出来的行为模式、价值观体系是所有企业家群体的共同特征。随着学术界对企业家精神的深化研究，能够体现企业家行为、思维方式以及价值观体系等的特质均被量化。基于各学者对企业家精神含义不同的理解，量化指标也有所差别。Covin 和 Slevin 学者最早从企业定位观的视角出发，以创新、开创以及冒险三个方面设计多维量表进行企业家精神度量[8]；此后，Aghion 和 Philippe 利用企业各个发展时期的专利数量来衡量企业家精神[9]，Acs 修正了 Aghion 和 Philippe 学者的度量方式，采用每千人发明专利数量作为企业家创新活动的测量指标[10]。Coase 依据自身研究需要，提出以市场上新创企业数量度量企业家精神[11]，而 Nickell 在此基础上引入企业超额利润值，将二者综合使用[12]。此后，自我雇佣比率[13,14]、企业规模[15]以及企业所有权比率[16]也被相关学者纳入企业家精神的度量指标当中。

但是 Benz 对于企业家精神有着不同的理解和认识，企业家作为实实在在的个体，单纯的追求货币利益已然不能满足企业家精神的发展，还更应该注意到非货币利益层面的追求，例如社会地位、价值感等[17]。当然，也有以问卷调查的方式运用综合指标衡量企业家精神的学者，其中最有代表性的是 GEM 研究机构从社会层面视角出发设计的九框架调查问卷。Li 等学者从雇员角度提出以民营企业从业人数与总就业人数之比测量企业家精神[18]；Liargovas 和 Repousis 以及 Feki 和 Mnif 采用专利数和一个地区新增企业数量的密度来衡量企业家精神[19,20]；Prieger 等学者以处于 18~64 岁的人口为界，以年龄范围内的企业家数量占新企业所有者和管理者人口数的比例度量企业家精神[21]。可以发现，虽然各个学者的研究从不同的视角出发，但结论无一例外地证实企业家精神对企业成长、经济发展所产生的促进作用是毋庸置疑的。

表1-1 国外学者对企业家精神研究的度量指标

研究者	度量方式
Birch（1981）	企业规模
Covin and Slevin（1991）；Zahra（1993）	包含创新、开创以及冒险三维度的量表
Aghion（1993）；Panagiotis（2015）	专利数量
Z. Org（1993）	每千人发明专利数量
Coase（1996）	新创企业数量
Nickell（1996）	超额利润值
Beugelsdijk（2004）；Hector（2007）	企业进入率和退出率
Benz（2006）	社会地位、价值感等
Parker（2004）；Li（2012）；Faggio（2014）	民营企业从业人数与总就业人数之比
Chiraz（2016）	新增企业数量
Prieger（2016）	特定年龄段企业家数量与新企业所有者和管理者人数之比
Hugo et. al.（2018）	企业所有权比率
GEM研究机构	从社会层面视角出发设计的九框架调查问卷

（二）企业家精神与企业成长性之间的作用关系

国外诸多学者研究表明，企业家精神的发挥一定程度上能够促使企业家利用现有资源和未来资源开发新的市场，扩大竞争优势[22,23]，增加品牌价值[24]，同时借助于一些中介因子、调节因素等促进企业成长[25-27]。实现高成长性的企业与其他企业最本质的区别在于企业家[28]，更准确地说，是企业家精神的外显[29]。

1. 企业家创业精神对企业成长性的影响

企业家对市场发展状况的判断和对利润机会的感知是整个创业过程的开端。企业家进行创业活动时，存在显著差异但是又极具相关性，这些共同特征促使企业家在面临风险决策时，往往通过新的视角和产生新的想法来规避风险[30]。如Yeganegi等学者从个体层面的矛盾性视角来研究企业家精神在企业生产经营活动中所发挥的作用，发现企业内部敢于冒险、勇于创新的员工更有可能在现有企业之外创立新的企业，作为创业者进入竞争市场,通过整合现有资源,推动新创企业成长[31]。

同时,自恋型的企业家在情绪调控、处理人际关系以及整合企业优势资源等方面更占优势,极易激发企业员工工作积极性,能够积极承担生产经营活动中遭遇的风险和不确定性,所做决策更符合企业长远发展战略;另一方面,企业家创业精神越强,对机会的感知度也就越强,进而利用参与市场经济活动积累的经验积极开拓新的市场,不断调整市场发展预期,获取最大利润,进而促进企业成长[32, 33]。

2. 企业家创新精神对企业成长性的影响

企业家的创新不仅能创造利润,而且能引起市场结构的变化。企业通过引入新技术实现技术进步,扩大专利产出水平,为市场提供优质的产品,增强企业的核心竞争力,进而提升企业的盈利水平,保证企业家持续创新的意愿。在这个过程中,随着市场份额、技术等因素的变化,企业家对企业的战略布局和经营决策方面将产生很大的影响[34, 35]。此时,企业家创新精神发挥就会促使企业家不断地整合、优化企业创新资源,本着使用效率最大化的原则应用到企业的整个创新过程中。

创新是企业精神的核心要素,同时也是企业家选择在企业内部进行技术创新的主要动力[36]。创新作为影响企业核心竞争力的最主要因素,整个过程存在一定的时滞性,在短期内对企业成长的影响可能不太明显,但是从长期来看,其产生的积极效应是毋庸置疑的。纵观国外学者对企业家精神的研究,研究内容涵盖了企业创新、市场竞争、自身定位以及社会层面等多个视角。Hsieh和Wu基于数字化开放平台创新生态系统,构建了一个基于平台的创新分类框架,为企业家在创新过程的两个关键阶段(发明和商业化)提供了重要依据[37]。企业家作为企业发展方向的掌舵者,对其研究视角的多样化能够清楚地认清企业家精神的本质所在,对后续研究具有重要的参考价值。

3. 营商环境对企业家精神与企业成长性关系的影响

企业外部环境动态性决定着企业的创新创业方向和战略发展方向,对企业成长有重要影响。不确定性的经营环境往往伴随着各种经营风险,身处如此复杂多变的环境之下,企业就需要增加额外的成本来灵活应对市场环境的变化[38]。因此，如何适应环境，实现可持续发展才是企业面临的关键问题[39, 40]，政府这时就扮演着非常重要的角色，处理不当可能会导致企业转向追求经济发展目标而不是经济增长目标[41]。

（1）营商环境对中小企业成长性的影响

在有利于企业获得信贷条件方面，政府创造适合企业创新、创业等方面的市场环境，都能提高企业的盈利能力，促进企业成长；同时，区域文化对企业成长也存在重要影响，其影响程度主要取决于政治稳定和制度质量[42, 43]；另外，宗教文化有利于培养企业家精神，进而促进企业成长。Lahovnik 和 Steiner 学者通过研究中小型特许经营企业发现，激励机制并不能使企业提升应对市场风险的能力，原因是特许权使用费较低，特许经营制度对企业经营条件限制较多，使得特许经营企业不能有效地适应当地的竞争环境。换言之，就是当地经营特许企业的营商环境并不完善[44]。

相对而言，中小企业在面临融资、税收和监管等影响时，为了能够在市场上继续站住脚跟，更加容易陷入非正式制度的安排，这时就需要企业管理者拥有较强的风险管理意识，同时对市场环境变化迅速做出反应，进而降低经营成本，保持企业良好的成长能力[45]。世界银行营商环境调查问卷中，腐败被作为很重要的一环纳入调查体系，并量化了更为传统的腐败形式，对于世界银行提出反腐败措施促进企业成长有重大意义；腐败会极大地挫伤企业家的创新创业能力，从而严重阻碍企业成长[46]。另外，董事会规模、性别多样性、产权性质和独立董事规模等都会不同程度地影响企业成长。女性董事所占比例过高、独立董事规模过大均不利于实现中小企业可持续发展，而产权性质却显著地促进了企业成长。但是，当企业所处地区的营商环境明显得到优化，企业产权性质得到控制时，独立董事规模就会朝着有利于中小企业成长的方向发展[47]。

（2）营商环境对企业创业创新活动的影响

梳理相关文献发现，学者们早期对企业家精神与企业成长关系的研究中较少考虑营商环境的影响，极少部分学者从金融环境或者金融生态环境的角度去检验其对企业成长的影响。随着近年来营商环境研究逐渐兴起，学术界才开始关注它们之间的内在联系。研究表明,营商环境是影响企业家精神与企业可持续成长关系的重要因素,不仅是企业开展创业创新活动的核心需求,更是培育企业家精神的关键要素[48, 49]。企业家精神在不同的企业生态系统中有不同的表现,具有良好营商环境的地区,无论其质量如何,都具有更大的能力实现高业务形成率(柯兹纳尔式企业家精神),而营商环境较弱的地区可能需要依靠创新的(熊彼特式企业家精神)企业家来弥补这种不利影响[50]。这就说明,在区域营商环境较为明朗的情况下,不仅新创企业的数量会增多,企业的创新活动也会愈加频繁,此时也更容易激发企业家的创新创业精神。

在持续改善营商环境的过程中,企业家精神与企业成长之间的联系比在更具敌意和动荡的环境中更为明显[51]。当企业所处的营商环境较为优质时,企业家就会利用完善的知识结构创造一套新的管理体系,用其宏伟愿景最大限度地激发企业员工的积极性,为实现企业的战略目标共同努力,最终促进企业成长[52]。由此可见,企业对区域营商环境的好坏最有发言权。

二、国内研究现状

(一)企业家精神的度量方式

近年来,随着"双创"战略的持续推进,关于企业家精神的研究也逐渐兴起。鉴于企业家精神高度抽象化的内涵,国内学者依据自己的研究视角提出了不同的度量方法,见表1-2。孙早和张庆岩以企业家受教育程度的高低来度量企业家精神,但是对于现实经济活动当中企业家文化水平虽然不高,企业经营却很成功的案例无法做出合理解释,因此这种度量方法的科学性还有待商榷[53]。

何予平比较了国内外学者的企业家精神测量方法,认为以企业进入比率作为测量指标更为合理[54];但是张小蒂、赵榄和杨勇等学者认为,一个地区的私营企业数量越多,企业家精神也就越强,因此,以区域内外资企业数量与民营企业数量之和来度量企业家精神[55, 56]。李宏彬、郭凯明和孙早等学者考虑到企业家精神丰富的内涵以及数据的易获性,以自我雇佣比率度量企家创业精神，以专利申请量度量企业家创新精神[57-59]。曾铖和李小平等学者认为学术界对企业家精神的研究视角趋于多样化，如何准确地度量尚无统一结论，为了尽可能地体现出企业家精神的丰富内涵，于是以兼顾企业家创业精神的外在企业家活动作为度量方法[60, 61]。

鉴于学术界对企业家精神研究口径并未完全统一，谢雪燕等学者利用熵权法从创新、竞争、管理者人力资本积累、管理者能力和冒险精神五个维度选取相应代理指标综合衡量企业家精神[62]；李兰等学者依据千户企业调查结果，从诚信、责任、创新、敬业以及学习五个方面总结了当代企业家精神的新特点[63]；毛良虎等学者以企业视角为切入点，依据企业成长过程中企业家精神所凸显的特征，在遵循动静结合的基础上，从企业创新、创业、财务以及成长四个角度出发，构建了一套全面系统的企业家精神测量指标体系[64]。

表1-2 国内学者对企业家精神研究的度量指标

研究者	度量方式
孙早等（2006）	企业家受教育程度的高低
何予平（2006）	企业进入比率
张小蒂等（2009）；杨勇等（2014）	外资企业与民营企业数量之和
李宏彬等（2009）；郭凯明等（2016）；孙早等（2019）；李政等（2020）	以自我雇佣比率度量企业家创业精神，以专利申请数量度量企业家创新精神
袁晓玲等（2012）	销售费用占营业收入之比作为企业家创业精神的代理变量
曾铖等（2015）；李小平等（2017）	兼顾企业家创业精神的外在企业家活动
谢雪燕等（2018）	利用熵权法从创新、竞争、管理者人力资本积累、管理者能力和冒险精神五个维度测量
李兰等（2019）	诚信、责任、创新、敬业以及学习五个方面总结企业家精神的特点
张敏（2020）	围绕创新导向、前瞻性、风险偏好三个维度进行测量，该做法借鉴了Covin,Slevin（1991）和Zahra（1993）等学者的观点
王立夏，宋子昭（2020）	个体—组织—社会等三个层面的企业家精神
赵晨等（2020）	从精益求精、笃定执着、责任担当、个人成长和珍视声誉五个方面构建量表测度企业家工匠精神
李晓（2020）	双重属性（精神属性和功能属性），包含爱国、创新、诚信、社会责任和国际视野五个层面
毛良虎等（2020）	运用企业创新、创业、财务以及成长四个角度综合测量
陈亮、冉茂盛（2021）	全球企业家生态系统的综合指数（GEI）

（二）企业家精神与企业成长性之间的作用关系

"大众创业、万众创新"战略的提出，旨在完善企业家精神对企业成长以及经济发展产生正向激励的机制，使得激发企业家创新创业精神成为可能[65]。因此，正确引导企业家精神在企业成长和经济发展中的差异化配置[66]，不断激发企业家精神在这个过程中的正向激励作用，是推动企业家精神发挥更大作用、实现企业更大发展的关键所在[67]。

我国正处于经济结构优化调整、高质量转型发展的关键时期，经济发展迈入了新时代，新的时代呼唤新的企业家精神[68, 69]。近年来，国内学者关于企业家精神的研究相较于国外学者而言，研究内涵、深度以及趋势等都在一定程度上受到地域、环境等诸多因素的影响，研究视角也与国外颇为不同[70]。

1. 企业家创业精神对企业成长性的影响

学术界对企业家创业精神与企业成长的研究多集中于中小企业层面。相对于大中型企业而言，中小企业经营者的风险承担倾向较为落后，但是企业家创业精神较高的中小企业的成长能力却较好。这充分说明影响我国中小企业发展的潜在因素是企业家的创业意愿和能力，以及对环境的适应能力[71]。对于中小企业而言，强化企业管理者的创业意愿，有助于挖掘市场中潜在的机会，充分利用各种资源，使企业取得成功[72]。

高度动态是企业家创业过程中最明显的特征。在整个创业过程中，许多阻碍企业家创业进程的不利因素会接踵而至，使得风险贯穿整个创业过程，这其中就包括不确定的外部市场环境、不易把握的市场机会等；同时还会受到企业家个人特质方面的影响，如年龄、敢于冒险等[73, 74]。只有当企业家具有强烈的创业意愿时，企业家才会有创业的动力。创业型企业家对发展中国家经济发展的有利影响远大于其他企业家因素造成的影响，在企业的生产经营活动当中，企业家所表现出的决心、冒险等精神对企业成长产生了重要影响[75]，而企业家冒险和创业精神作为企业家核心精神的最直接体现，其显著特点在于企业家对创业失败之后的承受能力以及在创业过程中的风险承担能力[76]。

企业家创业精神依托于企业组织，并充分利用组织内部资源，与外部可用资源形成合力，反过来刺激企业家进行创业实践，最终在企业内部形成浓厚的创业氛围，进而推动企业发展。从不同学者对企业家精神的研究来看，企业家的作用是一个不断丰富和发展的过程，从投机到套利，再到冒险和创新。因此，企业家精神不仅是投机和冒险的精神，还能使企业家抓住机遇，把握当下市场优势，将其融入到创业活动全过程中。在整个创业过程中伴随着企业家不断创新，并将创新成果转化为保障创业成功的核心竞争力，最终促进企业成长。

2. 企业家创新精神对企业成长性的影响

有学者从实证角度检验了企业家创新精神在企业成长和经济发展过程中所发挥的作用，认为区域产业升级得益于企业家创新精神充分发挥，肯定了企业家创新精神在区域产业升级过程中的积极作用。具体分地区而言，企业家创新精神有助于产业升级，且存在一定的空间异质性；鉴于其发展阶段持续周期较长，企业家创新精神在产业不断升级过程中发挥的积极作用也在逐渐弱化。原因在于诸多因素共同作用于产业升级的全过程之中时并未形成有效的螺旋式上升的促进机制[77]。诸如企业创新状况[78,79]、对外开放程度、政府支持力度[80,81]和人力资本水平[82]等。具体来说，企业家创新精神对经济发展的影响呈现出明显的地域特征，在地理分布的区位特征表现为中间最强、两边相对较弱；人力资本的影响效应却表现为自东向西逐级减弱，呈阶梯状发展趋势[83]。

3. 企业家精神对塑造企业核心竞争力至关重要

尊重企业家，使其能够充分发挥积极作用，通过降低企业家在市场竞争中的准入门槛，不断提升企业家的创新和创业精神，进而缩小收入差距[84,85]。在现代化经济体系构建过程中，将坚守实体经济作为经济发展抓手，关键点是夯实经济高质量发展基础。实体经济高质量发展的本质与企业家精神的核心都是创新，这表明企业家精神与企业创新、经济高质量发展关系密切。其主要体现在两个方面：一是企业家精神的发挥能够促进企业创新能力提升，推动企业实现创新发展，进而推动经济高质量发展；二是创新塑造出全新的企业核心竞争力，在市场竞争中夺得头筹，为企业家精神的再度发挥提供了重要契机[86-88]。梁强等学者从实现家族企业可持续成长的角度出发，认为家族企业需要合理配置家庭成员，适才而用，为家族企业顺利传承培育具有企业家精神的领导者和二代企业家，进而实现家族企业持续发展，家业长青[89]。

（三）营商环境对企业家精神与企业成长性关系的影响

党的十八大以来，政府聚焦优化营商环境层面做出了极大的努力，诸如营造行之有效、公平公正透明的法治化营商环境[90,91]，开放和创新政策转变[92]，确保企业在逆全球化思潮不断发酵升级的动态环境中实现可持续发展。

1. 营商环境有助于缓解寻租带来的负面影响

经济转型发展需要完善的市场机制作铺垫，在市场机制尚不完善时，企业间的竞争往往需要企业浪费大量资源才能争得一席之地，企业因此会寻求良性竞争以外的渠道以期获得更大的利益。如通过寻租手段获取非正规补偿和"关系资本"，这样虽然能使企业暂时获利，但长期来说，最终结果是成为企业创新创业活动路上的"绊脚石"。但是持续为企业营造良好的营商环境，一定程度上能够缓解寻租带来的不利影响，对企业创新具有积极作用。同时能够消除体制"牢笼"产生的负面产物，助力企业纾危解困，提升市场创新活力，助力企业成长[93,94]；优化城市营商环境能够助力企业通过创新不断增强市场竞争力，进而实现企业成长[95]。

2. 营商环境有利于激发企业家创业创新热情

"在危机中育新机，于变局中开新局"，创造良好的营商环境加速市场化进程，制度是一切的保证[96]。随着市场化改革不断深入，营商环境对企业家精神的影响也在逐步发生变化，有经验证据表明，营造良好的营商环境有利于培育企业家精神。保持市场经济活力的关键是企业家精神得到充分发挥，而企业家精神的激发和保护则需要依靠制度环境作为保障[97]。另外，不同产权性质的实体企业成长过程中存在异质性，优化营商环境在企业家精神与民营企业成长之间的作用关系更强。优化营商环境不仅构建了亲、清的新型政商关系，营造出公平竞争的市场氛围，而且能够增强企业家进行创新创业活动的信心，对企业成长有重要的促进作用 [98, 99]。

一方面，重塑营商环境法治体系，以法治形式维护市场竞争秩序，构建有序合理的市场环境，促使企业合理配置各项资源；另一方面，持续深化破产清算制度改革，及时淘汰问题企业，保障市场参与者的权益。不断提高政府执法监管水平，通过降低政府"无形的手"的干预水平，营造出稳定的企业融资环境，缓解融资约束水平，真正解决企业在生产经营活动中的难题，持续提振市场信心，不断增强企业家信心，充分发挥企业家精神，激励企业家积极参与创新、创业活动，推动企业核心技术革新。

因此，营商环境优劣直接影响到企业家精神发挥，持续优化营商环境能够降低企业进入市场的门槛，激发企业家持续进行创新创业的热情，提升企业生产效率，实现可持续发展 [100, 101]。

三、国内外研究现状评述

通过梳理相关文献发现，国内外学术界对营商环境的含义界定比较宽泛，涵盖了经济、政治、生产、社会、生态等多个方面的因素。魏淑艳、孙峰研究提出，东北地区是我国的老工业基地，持续优化投资营商环境是当前最重要的任务。该研究以东北地区的自然条件、社会经济状况、政府办公环境及区域基础设施状况为基本的衡量要素，设计出一套适合东北地区优化投资营商环境的指标体系，该套指标体系深刻剖析了东北地区在优化营商环境方面存在的问题，并指出了今后努力的方向 [102]。满姗、吴相利从营商环境国际化、市场化以及法治化三个方面出发，构建了适合中国城市的营商环境评价指标。同时，在此基础上又比较了东北地区与广东省营商环境之间的差距，进而以市场要素环境、政务要素环境、人文要素环境和法律要素环境等方面出发，得出了如何持续优化营商环境建设的启示 [103]。袁志明、虞锡君、顾骅珊等学者介绍了营商环境优化的内涵以及县域级城市构建营商环境评价指标所具有的意义和整套体系的设计原则，并从产品市场发育程度、传统要素市场发育程度、高端要素市场发育程度、产业集聚程度、政务政策环境、空间及生态环境、人文社会环境等七要素出发，构建了县域市场营商环境评价指标体系[104]。总体来说，以上一些学者与地方政府的观点都从不同角度对营商环境的研究提供了指导，起到了一定程度的借鉴指导作用，但是针对区域性营商环境现状，特别是欠发达城市的营商环境调查却很缺乏。

笔者在搜集和整理国内外有关营商环境、企业家精神与实体经济发展文献的基础上，总结出以下结论：学术界运用理论与实证相结合的方式，阐述了营商环境、企业家精神与实体经济发展的关系，并且多数学者已经达成共识，认为营商环境与企业家精神、实体经济增长密切相关，营商环境能够从多个方面影响企业家精神的培养，进而推动区域经济发展。纵观国内外关于企业家精神的研究现状，学者们从跨层面、空间、情景化以及演化等多个视角进行了有价值的探索，极大地丰富了企业家精神研究内涵，也提出了多方位、多视角的度量方法，形成了从理论到实证全覆盖的研究成果。

现有研究不仅总结了过去企业家精神在个体特征、行为特征以及外部环境特征等视角下的研究内容，还在此基础上开辟了新的研究视角，如世界观、价值观等。还有学者立足于经济环境发展的层次性、动态性不断地进行尝试研究，以期能够从更系统全面的角度对企业家精神进行深入分析，研究结论不断丰富着企业家精神的特点。因此，对于内涵高度抽象化的企业家精神，不能仅仅停留在学术研究层面，而是应该将其放到我国经济发展转型的大环境当中进行考察。这对本书研究极具参考价值，但是仍存在以下不足。

1. 企业家精神驱动企业成长的研究机理不够明晰，着眼点大多在线性关系或空间效应研究的基础之上，引入其他影响因素，进一步分析作用关系，并未考虑非线性的作用路径。本书认为，现实中企业家精神的发挥会受到诸多外在、内在条件的限制，其对企业成长的积极作用也会有相应的转变。

2. 营商环境指标衡量本土化特征不够明显，大多数研究基于世界银行营商环境调查数据开展，对我国情境的真实反映效果还有待深入探讨。

3. 现有企业家精神研究大多集中在宏观层面，更多的关注点在引领经济高质量发展上面，缺乏对微观企业层面的研究。

本书以高阶梯队理论、现代管家理论等为支撑，营商环境为切入点，深入探讨企业家"双创"精神与企业成长性之间非线性关系的作用机理，以及营商环境在二者关系中的调节作用。同时，对国有企业和非国有企业的实证结果进行对比分析，为不同产权性质的企业培育企业家精神提供参考和建议。

第3节　研究内容与方法

一、研究内容

第一部分，绪论。本书以企业家精神作为研究背景切入点，阐述了国内外企业家精神、企业成长、营商环境研究的发展现状；对企业家精神、企业成长、营商环境等主题词进行概念界定，阐述了本研究依据的相关理论，为研究奠定理论基础。

第二部分，东北三省企业家精神和营商环境发展现状调查与问题分析。从东北三省企业家精神发展现状调研出发，通过对个体层面（个体私营从业人数）、组织层面（企业）与外部环境层面（营商环境）的现状描述，归纳出东北三省企业家精神发展总体不佳等问题，并对激发和保护企业家精神进行政策梳理、机制分析与国内外典型经验借鉴。

第三部分，高质量发展背景下企业家精神、企业成长、营商环境关系的机理研究。采用实证分析法论证了三种关系：（1）营商环境调节下企业家精神与企业成长性关系研究。实证研究企业家"双创"精神与企业成长性之间非线性关系的作用机理，拓展了企业家精神与企业成长性关系研究的思维框架。（2）营商环境调节下企业风险承担与企业绩效关系。研究得出：风险承担与企业绩效呈显著负相关；当企业绩效位于90%分位点时，风险承担与企业绩效之间呈显著正相关；营商环境弱化了风险承担对企业绩效的抑制效应，且表现出显著的"倒U"型门槛特征。随着营商环境不断优化，风险承担对企业绩效的抑制效应会逐渐减弱。（3）双元创新对企业家精神与企业绩效的中介效应，以及外部亲清政商关系、内部股权激励在其中的调节作用。研究发现：企业家精神显著正向影响企业绩效；探索式创新和利用式创新皆在企业家精神与企业绩效间起部分中介作用；亲清政商关系在企业家精神与探索式创新间起促进作用，但在企业家精神与利用式创新间则起抑制作用；股权激励正向调节企业家精神与双元创新的关系。

第四部分，高质量发展背景下企业成长营商环境优化的政策建议。根据国内外发展经验，激发和保护企业家精神的关键是要形成体制环境要素（政府行为）、激励机制、文化环境要素和人力资本要素四位一体的全面协调机制。在全面振兴过程中，从整体上必须要以体制环境要素、激励机制、文化环境要素和人力资本要素在内的企业家精神机制构建为基础，以供给侧结构性改革、产业升级与创新驱动为重点，营造有利于激发和保护企业家精神的内外部环境，同时还要发挥好政府制度创新、文化创新、促进人力资本发展等组合动力的作用。最后进一步区分不同行业、不同产权性质和不同规模，提出异质型企业营商环境优化的具体对策。

针对本书的研究目标拟进行四个专题研究，如图1-1所示。

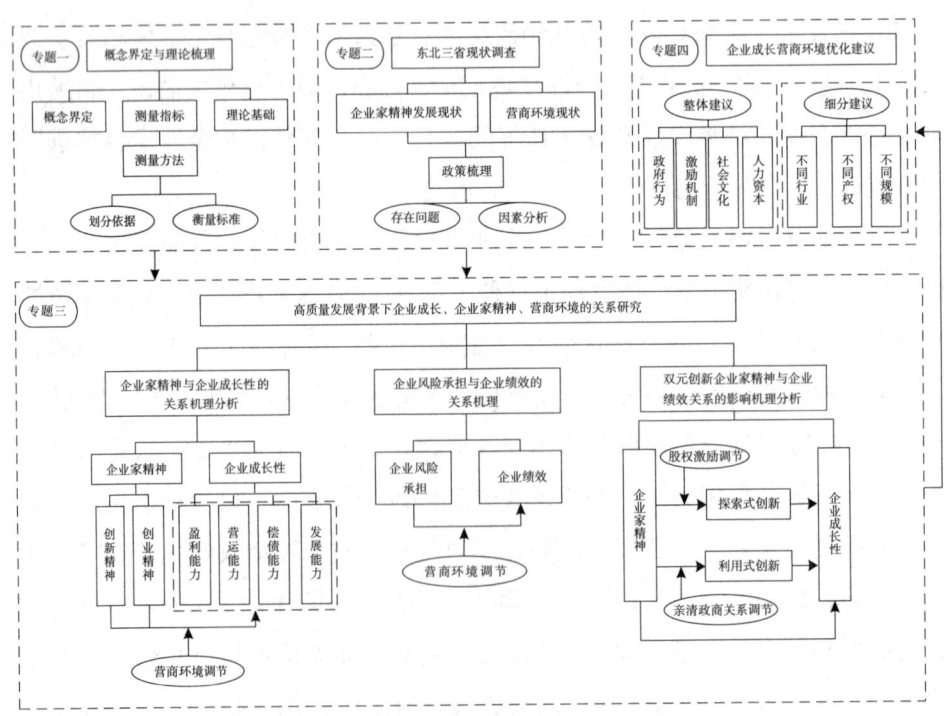

图1-1　本书研究主要框架

二、研究方法

第一，文献研究法。借助 CNKI、百度文库、Springer 以及谷歌学术等数据库，整合有关营商环境、企业家精神与企业成长性研究的相关文献，提炼主要观点，并依据高阶梯队理论、委托代理理论、现代管家理论和产业组织理论，梳理营商环境、企业家精神与企业成长性之间的作用关系，总结目前学术界相关研究成果，为后续研究奠定理论基础。

第二，历史与逻辑相统一的研究方法。将社会发展的历史脉络与企业家精神的演变过程和理论逻辑相结合，探讨东北三省的具体情况与时代背景，深入研究企业家精神的机制及其在现代经济体系建设中的重要作用，并最终提出政策性建议。

第三，元分析和引文分析法。借助文献研究法的梳理成果，对相关文献再次进行统计分析，对现有文献研究的引文分布结构、内在规律进行比较、归纳，科学地总结目前学术界的研究成果，避免出现"马太效应"，从而掩盖文献引用真实性。

第四，假设演绎推理法。通过上述两种研究方法的进一步梳理，通过理论推导提出研究假设，即企业家精神与企业成长性之间存在非线性关系，以及营商环境在企业家精神与企业成长性关系中作为调节机制。

第五，面板广义最小二乘法。在第4章实证分析营商环境、企业家精神对企业成长性的影响时，由于样本企业各年的数据可能存在测量误差，模型中被省略的一些因素对被解释变量的影响将会导致异方差，本书选用面板广义最小二乘法解决异方差问题。

第六，面板门槛回归法。该方法通过 Bootstrap 自助搜索结构突变点，克服了主观设定结构突变点的偏误问题。为考察各期的企业家精神是否以营商环境为门槛，对企业成长性呈非线性作用，本书采用该方法进行门槛效应检验和实证结果估计。

第七，定量与定性相结合的方法。在广泛阅读相关文献基础上进行概括总结，形成研究思路与研究框架，用数据分析企业家精神培育和发展现状，探讨企业家精神在东北三省的发展现状与不足之处；用企业家精神理论分析经济中的问题，实现理论实践的协同优化。

第4节 创新之处

一、研究思路的创新

国内外对何为企业家及企业家精神的内涵与实质等问题已形成了丰富的理论成果。近年来，学者们对社会主义市场经济中的企业家精神又进行了深入的研究，结合新时代中国特色社会主义思想，通过文献研究法探索关于社会主义市场经济中企业家精神内核与实质的具体内容，并以此为构架提出激发和保护企业家精神的机制与对策，聚焦东北三省营商环境建设问题，着眼于东北经济全面复兴。运用系统分析法综合研究东北三省营商软环境、市场主体的商务成本、政府社会服务。以系统观点分析主要影响要素，进而分析存在的主要问题和差距，为提高政府治理能力提供决策参考。

二、研究内容的创新

与现有研究相比，主要创新点如下：

1. 构建了企业家"双创"精神对企业成长性影响的机理模型

构建了企业家"双创"精神对企业成长性的直接影响机理模型，对企业家"双创"精神直接影响企业成长性的机理作了深入探讨，通过实证检验揭示了企业家"双创"精神与企业成长性之间的非线性作用关系；梳理相关研究文献发现，学术界关于企业家"双创"精神对企业成长性的研究大多着眼于直接或间接影响，较少探讨二者间的非线性作用关系。研究成果一定程度上丰富了企业家"双创"精神理论研究。

2. 厘清营商环境、企业家"双创"精神与企业成长性的作用关系

考虑到营商环境是滋养企业发展、创新和创业的肥沃土壤，是影响企业

全生命周期的各种外部环境。因此，本书借助于粤港澳大湾区研究院本土化营商环境调研数据，通过实证检验揭示了营商环境在企业家"双创"精神与企业成长性非线性关系中的正向调节作用，使得企业家"双创"精神与企业成长性的非线性关系更为陡峭。为我国文化背景下的企业家精神研究提供了较为可靠的保障。

3. 检验了不同产权性质的企业家"双创"精神发挥存在差异

鉴于国有企业在经营过程中并不以利润最大化作为企业的发展目标，因此将样本企业区分为国有企业和非国有企业，进一步探究在营商环境改良背景下不同产权性质的企业家"双创"精神与企业成长性之间存在何种影响机制。相较于国有企业而言，优化营商环境对非国有企业的影响更为明显，主要体现在企业家创业精神方面。

4. 揭示了营商环境、风险承担以及企业绩效三者间的作用关系

本研究将营商环境、风险承担以及企业绩效纳入同一个分析框架，通过实证分析厘清三者之间的内在联系。贡献在于：①现有关于企业绩效受风险承担影响的研究较多，但是大部分学者实证得出风险承担与绩效呈正相关。本书实证得出：风险承担与企业绩效呈显著负相关，只有当企业风险承担达到一个较高水平时，风险承担才会对企业绩效产生正向影响，该结论扩展了风险承担与企业绩效关系研究的相关理论成果；②关于营商环境对风险承担与企业绩效二者之间关系的影响研究较少，本研究实证结论为：营商环境在风险承担与企业绩效的关系中具有显著的正向调节作用，且存在三重门槛。基于营商环境三重门槛条件下，营商环境持续优化带来的结果是持续增强企业承担风险能力，进而提升企业绩效。研究结论丰富了我国大中型城市营商环境差异下有关风险承担对企业绩效的研究内容。

5. 实证分析双元创新对企业家精神与企业绩效的中介效应，以及外部亲清政商关系、内部股权激励在其中的调节作用

目前对于企业家精神与创新的研究虽多，但将创新进行分类，研究企业家精神、探索及利用式创新和企业绩效之间关系的文献并不常见，探索式创新与利用式创新在所需知识基础、创新目的、作用路径及创新结果等多个方

面皆存在差异，分类探讨二者与企业家精神和绩效的关系更具有实际意义。同时，企业家精神与双元创新的正向关系必然受到内外部环境的干扰，因此本书将股权激励与政商关系加入其中，试图将企业外部亲清政商关系、内部股权激励行为与企业家精神、双元创新、企业绩效放到同一框架中，探究双元创新对企业家精神和企业绩效的作用机制，并进一步讨论政商关系和股权激励对其关系的调节作用，为充分发挥企业家精神、促进企业创新、改善企业绩效提供参考。

三、对策建议的针对性和可行性

政府是营商环境建设的责任主体，而市场主体和社会公众是营商环境建设的最终评判者。本书以政策政务环境、市场主体（主要调查对象）及社会公众为研究对象，深入调研东北三省营商环境建设现状。掌握东北三省在公共治理、科技创新、经济发展等方面的服务能力、市场主体的商事制度与经营需求，以及社会公众对经济发展与政府治理的关注等，兼顾了调查研究的重点性与全面性。本书将社会发展的历史脉络与企业家精神的演变过程和理论逻辑相结合，探讨东北三省营商环境和企业家精神培育的实际情况与时代背景，深入研究企业家精神的机制及其在现代经济体系建设中的重要作用，提出政策性建议。用数据分析企业家精神培育和发展现状，以探讨企业家精神在东北三省的不足之处；用企业家精神理论分析经济中的问题，以提高政府治理能力，促进东北地区全面振兴。从政府治理和社会角度提出的对策建议，对改善营商环境建设更有针对性和可行性。

第 2 章

概念界定与理论基础

第1节 概念界定

一、企业家精神

"企业家"一词的概念最早是由法文 Entrepreneur 演变而来,爱尔兰著名经济学家理查德·坎蒂隆(Richard Cantillon)在1775年的著作《商业性质概论》(Essay on the Nature of Commerce in General)首次提出"企业家"一词[105],其解释是"伺机寻找合适的机会,立即着手工作,然后通过创新抑或是创立企业的方式实现个人目标,满足社会现实需求,实现自我价值"。随后在企业家理论(Entrepreneur Theory)深化研究过程当中,诸多学者对企业家的定义均提出了不同见解,典型代表有马歇尔、奈特、熊彼特、柯兹纳以及德鲁克。但共性的一点是,既能创新,又能创业,同时勇于承担风险,能够带领企业实现可持续发展[106]。

随着社会经济的发展,研究者逐渐意识到企业家精神研究的必要性。因此,越来越多的学者热衷于研究企业可持续成长过程中企业家所起的重要作用[107, 108]。最早将企业家精神研究理论引入中国的学者是康奈尔大学清史研究专家高家龙(Sherman Cochran),1982年,他的一篇名为《1900—1937年中国大企业中的创新式企业家精神》的论文将中国的企业家精神分为三类:一是创新式企业家精神,二是经营管理式企业家精神,三是积极行动式企业家精神。随后,北大著名经济学家汪丁丁教授在总结国内外相关研究之后,从创新、敬业以及合作三个层面定义了企业家精神。但汪岩桥认为,伴随着市场经济体制改革,在现代化发展过程中仍能够紧跟时代发展潮流的企业家身上所特有的文化品质即为企业家精神[109]。

国内学者旷锦云、白少君和李艳双等学者围绕敬业、合作、学习、奉献等方面对企业家精神的内涵作了详细阐述,并依据国外企业家精神的研究趋势,细分了创新、冒险等指标所涵盖的内容[110-112]。丁栋虹则开创性地从世界观以及价值观的角度提出对企业家精神的再认识,原因是市场环境的动态性增强了企业家抗压、高效、独立思考等方面的能力[113]。吴炯等学者从扎根理论视角出发,总结我国企业家发展历程,发现中国企业家发展层次具有逐级递增的演进规律,即小我的企业家—企业的企业家—中国的企业家,演进过程中企业家精神高度不断递进,其发挥的效用也不断增大;由此提出企业家精神具有丰富的内涵,且其递进高度处于多层次、整合性较强的动态系统中,并据此规律构建出了一套符合中国情境特征的企业家精神内涵系统模型[114]。

对于企业家精神的研究,宏观层面基本一致认为,企业家精神在创新等生产活动中的配置是实现经济可持续增长的关键;在微观层面,学者肯定了企业家创业精神的重要性,认为创业者的创新活动有助于形成区别于竞争对手的优势[115]。除此之外,有学者将企业家分为风险型企业家和创新型企业家,即体现在企业家创业精神和企业家创新精神两个方面。二者在研究过程中不是相互独立的,但有着自身的研究边界。企业家在创业过程中体现着创新精神,并将之注入创业活动的实践内涵。同时,企业家创新精神开阔了创业者的商业视野,使其在市场上获得了更多的机会,并通过整合企业优势资源,不断促进企业成长。

基于对企业家精神概念的梳理,学者们对于企业家精神的定义已经达成了基本共识。因此,本书认为企业家精神是一种将创业精神与创新精神相结合的改革创新精神,是现有组织中的群体或个人为获取竞争优势而做出的一种战略选择,体现在企业的创新和风险创业行为上[116]。结合当下"大众创业、万众创新"理念的号召,企业家创业精神与创新精神相辅相成,二者的整合是一个动态优化过程。因此,关注企业家创业精神与创新精神作用的发挥至关重要。

1. 企业家创业精神

企业家创业精神是指企业家创办新企业、新事业的行为,创业包括企业内部创业和社会创业等。在创业过程中,企业家开拓市场、创立新企业的行为均能体现企业家创业精神,但是企业家个性特征(如冒险、自信等)、外部环境（如机会模糊、恶意竞争等）等因素可能使创业活动的整个过程充满风险，影响企业家创业精神[117]。这些特征可以概括为创业精神和冒险精神。

创业不仅是企业家实现自我的一种方式，也是创造机会价值的一种方式。创业者不仅要有坚强的创业意志作为支撑，更要能准确把握成功的机会。这种强烈的企业意识和发现机会的能力是企业家创业精神的具体表现。此外，企业家在创业过程中还需要培养沟通、协调、组织和管理的能力，这是对企业家精神的一种全面解读。因此，创业精神贯穿于创业活动的全过程，包括企业的创办、企业规模的扩大和企业的运作，进而建立竞争优势，扩大市场份额[118]。

2. 企业家创新精神

熊彼特提出了"创造性破坏"思想，核心要义在于企业家创新精神[119]，鲍莫尔在继承总结熊彼特观点的基础之上，也认为创新是企业家精神的重要体现，企业家精神发挥需要从企业创新的角度理解[120]。企业家创新精神能使企业家获得强烈的创新动机和创新欲望，激发企业家创造价值、做出贡献的独特能力。与沟通、协调、组织、管理等其他能力相比，企业家的核心能力和根本能力是创新能力。"创新"不仅是一个纯粹的技术概念，更是一个经济概念。它不同于传统的技术发明，将技术创新引入经济组织模式，形成新的经济能力。企业家在创新思维下，要有自主创新的思想、执着的创新目标、恒久的创新激情和坚定的创新执行力。

企业家创新精神最本质的特征在于能够将企业家掌握的知识、技能和市场机遇融入企业的现实生产能力中，不断推动新发明、新产品或新服务涌现，从而创造新的市场需求，并不断推动和深化科技创新，最终使企业的创新能力大大提高。由于企业之间竞争激烈，企业家需要时刻关注企业的经营现状。这就要求企业家不仅需要对技术发展有深刻的认识，还要对市场变化足够敏感，从不同的角度进行创新或引导团队进行创新，帮助企业利用有限的生产资源获取更大的创新效益。

二、企业成长性

亚当·斯密在著作《国富论》一书中提出了企业成长的概念,其实质是对"大规模生产"的规律总结。企业成长反映了一个企业未来的增长潜力,是企业战略规划部署能否实现的重要考量[121],与发展质量共同构成了经济体的核心竞争力[122]。企业成长不仅是对企业当前经营情况的客观反映[123],还是族群内部相互竞争,实现横、纵向战略行为发展的成长过程[124,125],更是企业内在生态载体综合属性(结构、关系以及形成机理等)的外在表现[126]。

企业成长理论认为,实现企业可持续成长的基础是充分利用好企业内部的资源和能力,保证资源和能力合理搭配,使其价值最大化[127,128],并基于社会企业角度不断打破资源限制,有效获取市场资源并整合利用"机会共创—企业成长"机制实现自我发展[129],逐步满足潜在的社会需求,并结合族群多元化以及社会基础等条件实现企业可持续发展[130]。

彭罗斯等在《企业成长理论》一书中,详细论述了实现企业成长的影响因素和成长机制,并构建了"企业资源—企业能力—企业成长"关系递进的逻辑框架,揭示了实现企业成长的内在动力[131]。在彭罗斯的理论中,企业实现可持续成长需要经历三个阶段。第一阶段是企业在生产经营活动中拥有必要的资源,其中人力资源和物质资源最为重要,二者共同为企业能力形成奠定基础。企业一旦形成这种能力,就会进入企业成长的第二阶段,即通过较强的知识创造能力和管理能力寻求先进技术、资金为企业发展"补血"。第二阶段持续一段时间后,通过扩张激励、巩固市场竞争地位等一系列手段衍生出企业家精神,进入企业成长的第三阶段。每个阶段都存在必经的隘口,一旦出现问题,就会促使相应的指标"回炉重铸",直至重新符合发展预期,如此循环往复,促进企业持续成长。如图2-1所示。

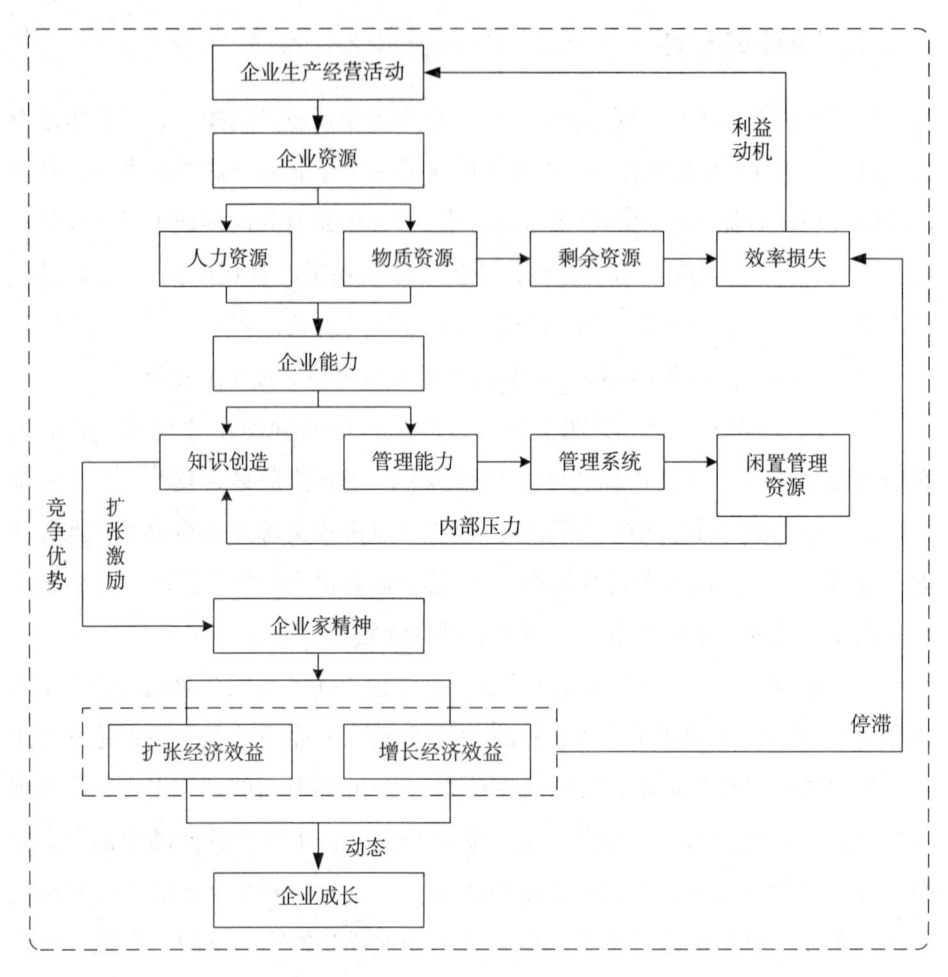

图2-1 企业成长流程图

梳理相关文献发现，学术界对企业成长内涵的研究颇为丰富。早期研究表明，企业成长是不断扩大规模、增加企业数量或增加资源的过程。学术界也一致认为，企业发展一般经历初创期、成长期、成熟期和衰退期四个阶段。成长阶段不是整个发展周期中最长的，却是一个关键的定型阶段。企业在成长期的成长体现为规模的逐步扩大，而企业在成熟期的成长体现为利润的不断增加，是企业在成长阶段受各种因素叠加作用的结果，具有持续和不断变化的特点。而企业成长性是企业发展能力的综合体现，指的是企业通过开发利用闲置资源，不断发掘闲置资源潜在价值的能力，并结合企业目前的生产经营情况以及其他客观因素对企业未来发展潜力作出的客观评价[132, 133]。

本书研究营商环境、企业家精神与企业成长性之间关系的根本目的在于客观评价并挖掘企业未来的成长潜力。为此，将企业成长性定义为企业内、外部各种因素共同作用于企业发展过程表现出来的一种状态，直接体现为一段时间内企业的经营绩效稳步增长。成长性指标是对企业成长量化分析的一个工具，衡量企业成长性的指标很多，在不同的衡量目标下，指标的选取也不尽相同。对企业成长性的评价大多是从经营能力、盈利能力和发展能力三个方面进行的。根据指标选取的全面性、可操作性、科学性、可预见性的原则，在总结相关文献研究的基础上，依据本项目的研究特点，从上市企业的盈利能力、营运能力、偿债能力以及发展能力四个方面入手，选择相应的财务指标来反映企业未来的成长状况。

三、营商环境

"营商环境"（Business Environment）是一个有机的多维动态系统，科学合理地构建一套营商环境评价指标体系，需要在"软环境"和"硬环境"上下功夫，在更广泛的治理框架内看待。世界银行在 1999 年"Business Environment and Enterprise Performance Survey"（BEEPS）项目中首次提出营商环境的概念，随后在 2002 年专门成立了营商环境专题研究小组，并在 2004 年、2005 年分别出版了两份营商环境调研报告。Hutchings 和 Murray 从认知和组织两个层面提出"关系"是中国营商环境的特殊组成部分，中国企业具有明显的民族文化属性，"企业—政府"和"企业—企业"均处在"关系"网中沟通交流[134]；Rogerson 等学者认为企业生产经营活动中所面临的政府政策、基础设施条件、人力资本以及所处的地理位置均属于营商环境的范畴[135]；Hamplová 和 Provazníková 等学者从法制和法治两个角度构建了营商环境指标评价体系[136]。广州市是我国第一个构建营商环境测度指标体系的城市，对我国营商环境的理论和实践研究具有重要的参考价值。

定位优势要素，确保可持续性。在保持现有优势的同时，也要从弱势领域中寻找新的增长点和策动要素。一方面，制度"嵌入性"视阈下的营商环境具有典型的制度特征，同时也是兼顾政府、市场、社会等完备要素的公共产品[137,138]；另一方面，营商环境指标不仅需要涵盖政府效率、市场环境、金融服务、市场环境、人力资本及公共服务等六大要素，同时也应结合世界银行营商环境调查数据，运用客观代理指标测算营商环境[139,140]。此外，普华永道、万博新经济研究院、粤港澳大湾区研究院以及中国人大国发院等第三方机构结合世界银行指标体系，进行本土化修正后探索出一套具有中国特色兼顾中国国情的营商环境评价指标体系。同时，2019年出台《优化营商环境条例》，以法治手段推动营商环境持续优化，不断营造公平、公正的市场竞争环境，激活市场活力。

基于相关学者对营商环境研究的视角，对营商环境评价的相关研究主要集中在国际化、市场化和法治化三个维度。国外的研究主要是建立综合指标体系[141]和单一指标体系[142]，国内的研究已逐步发展到综合性层面，注重综合国际化的发展水平，兼顾生态环境、基础设施和社会服务[143]。

因此，参考相关研究，本书认为营商环境是滋养企业发展、创新创业的丰厚土壤，是影响企业全生命周期的各种外部环境。在现有营商环境评价指标的基础上，借鉴粤港澳大湾区研究院按照国际可比、对标世行和符合中国特色等原则，从以下六个维度刻画中国城市的营商环境指标：软环境（25%）、市场环境（20%）、基础设施环境（15%）、社会服务环境（10%）、商务成本环境（15%）以及生态环境（15%），括号内为每项指标所占权重；除此之外，还包括三级指标29个，四级指标32个[144]。

四、营商环境评价

世界银行发布的一项报告表明：良好的营商环境会使投资率增长0.3%，GDP增长率增加0.36%。良好的营商环境是推动中国经济高质量发展的重要前提。营商环境评价则是进一步优化营商环境的基础性工作，有利于城市和各级政府部门对标先进，营造良性竞争格局。

（一）世界银行 DB 评价

1. 评价指标体系

2001年世界银行成立 Doing Business 小组（DB 小组），负责企业营商环境指标体系的创建，并于2003年发布了第一份营商环境报告《营商环境报告2004》，包含133个经济体和5项指标。经过几年努力，DB 小组将企业营商环境评估发展到如今基本稳定的约190个经济体和11项指标，涵盖了企业生命周期的10个领域。自2003年以来，世界银行已经连续18年发布年度全球营商环境报告，目的在于督促各国改善法律和监管环境，促进民营企业的发展，为了解并改善全球的商业监管环境提供客观依据。

经过多年的积累，世界银行已然形成了较为完善的指标体系，如表2-1所示，以此衡量一个国家或地区营商环境优劣的数百个指标。当然其评价领域也进行动态调整，近年又增加诸如"营商环境便利度"指标等。该体系是世界上较为完善也被广泛认可的一套衡量标准。

表2-1　世界银行营商环境评价指标体系

一级指标	二级指标
1. 开办企业 Starting a business	1.1 办理程序 Procedure
	1.2 办理时间 Time
	1.3 费用 Cost
	1.4 开办有限责任公司所需最低注册资本金 paid-in minimum capital to start a limited liability company for men and woman
2. 办理施工许可 Dealing with construction permits	2.1 房屋建筑开工前所有手续办理程序 Procedures to complete all formalities to build a warehouse
	2.2 房屋建筑开工前所有手续办理时间 Time cost to complete all formalities to build a warehouse
	2.3 房屋建筑开工前所有手续办理费用 Cost to complete all formalities to build a warehouse
	2.4 建筑质量控制指数 the quality control and safety mechanisms in the construction permitting system

续　表

一级指标	二级指标
3. 获得电力 Getting electricity	3.1 办理接入电网手续所需程序 Procedures to get connected to the electrical grid
	3.2 办理接入电网手续所需时间 time to get connected to the electrical grid
	3.3 办理拉入电网手续所需费用 cost to get connected to the electrical grid
	3.4 供电稳定性和收费透明度指数 the reliability of the electricity supply; and the transparency of tariffs
4. 产权登记 Registering property	4.1 产权转移登记所需程序 Procedures to transfer a property
	4.2 产权转移登记所需时间 time to transfer a property
	4.3 产权转移登记所需费用 cost to transfer a property
	4.4 用地管控系统质量 the quality of the land administration system for men and women
5. 获得信贷 Getting credit	5.1 动产抵押法律指数 Movable collateral laws index
	5.2 信用信息系统指数 credit information systems index
6. 保护少数投资者 Protecting minority investors	6.1 信息披露指数 information disclosure index
	6.2 董事责任指数 Director responsibility index
	6.3 股东诉讼便利指数 Shareholder litigation convenience index
	6.4 股东权利保护指数 Shareholder rights protection index
	6.5 所有权和控制权保护指数 Ownership and control protection index
	6.6 公司透明度指数 Corporate transparency index

续　表

一级指标	二级指标
7. 纳税 Paying taxes	7.1 公司纳税次数 Payments total tax for a firm to comply
	7.2 公司纳税所需时间 Time total tax for a firm to comply
	7.3 总税率 contribution rate for a firm to comply
	7.4 税后实务流程指数 all tax regulations as well as postfiling processes
8. 跨境贸易 Trading across borders	8.1 出口报关单审查时间 Review time of export declaration form
	8.2 出口通关时间 Time to export the product of comparative advantage
	8.3 出口报关单审查费用 Export customs declaration review fee
	8.4 出口通关费用 cost to export the product of comparative advantage
	8.5 进口报关单审查时间 Review time of import declaration
	8.6 进口通关时间 Time to import the product of comparative advantage
	8.7 进口报关单审查费用 Import customs declaration review fee
	8.8 进口通关费用 cost to import the product of comparative advantage
9. 合同执行 Enforcing contracts	9.1 解决商业纠纷的时间 Time to resolve a commercial dispute
	9.2 解决商业纠纷的成本 cost to resolve a commercial dispute
	9.3 司法程序的质量指数 the quality of judicial processes for men and women
10. 破产办理 Resolving insolvency	10.1 回收率 Time, cost, outcome, and recovery rate for a commercial insolvency
	10.2 破产法律框架的保护指数 the strength of the legal framework for insolvency

续 表

一级指标	二级指标
11. 劳动力市场监管 Employing workers market regulation	11.1 就业监管灵活性 Flexibility in employment regulation
	11.2 工作质量控制方面的灵活性 Flexibility in work quality control
12. 与政府签订合同 Contracting with the government	12.1 通过公共采购和公共采购参与并赢得工程合同的程序和时间监管框架 Procedures to participate in and win a works contract through public procurement and the public procurement regulatory framework
	12.2 通过公共采购和公共采购参与并赢得工程合同的程序和时间监管框架 time to participate in and win a works contract through public procurement and the public procurement regulatory framework

注：雇佣工人和与政府签订合同的指标集不属于《营商环境2020》。

世界银行自2002年开始发布的《营商环境报告》（Doing Business）因测评过程的公平性受到质疑于2021年9月宣布停止（见附录3世行《营商环境》替换版BEE）。

2. 中国的世界排名

世界银行近日发布的《全球营商环境报告2020》显示，由于大力推进优化营商环境改革，我国营商环境全球排名继去年大幅提升32位后，今年再度跃升15位，位居全球第31位，连续两年被评为全球营商环境改善幅度最大的十大经济体之一。

中国营商环境总体得分77.9分（即中国达到了全球最佳水平的77.9%，见本书附录2），比上年上升4.26分；排名跃居全球第31位，比去年提升15位。世界银行报告称，由于大力推进改革议程，中国连续第二年跻身全球营商环境改善最大的经济体前十名。世界银行中国局局长芮泽表示："中国为改善中小企业的国内营商环境做出了巨大努力，保持了积极的改革步伐，在多项营商环境指标上取得了令人赞许的进步，特别是在办理施工许可证领域。"

2020年以来，国务院职能转变协调办、财政部会同司法部等十余个有关部门和京沪两市政府，对标国际先进、对接国际通行规则，于年初制定专项改革任务台账，明确改革目标、责任部门、时间节点。截至目前已完成了

130余项改革举措,在保护中小投资者、办理建筑许可等体制机制改革方面实现了重大突破,进一步增强了我国营商环境的国际竞争力。

(1) 8项指标均有改善

在世界银行10项评估指标中,中国有8项指标排名上升,比去年多1项。其中,办理建筑许可排名提升88位至第33位,保护中小投资者排名提升36位至第28位,办理破产排名提升10位至第51位,跨境贸易排名提升9位至第56位,纳税排名提升9位至第105位,获得电力提升2位至第12位,执行合同排名提升1位至第5位,开办企业排名提升1位至第27位。

中国改革的亮点包括:

• 将公司印章发放完全纳入企业注册登记一站式服务。

• 简化对低风险工程建设项目的施工许可证要求,缩短供排水接入时间。

• 精简办理接电流程,提高电费透明度。

• 通过要求控股股东对不公平关联方交易承担连带责任,明晰所有权和控制结构,加强了对少数投资者的保护。

• 对小企业实行企业所得税优惠政策,降低某些行业的增值税税率,加强电子化纳税申报和缴纳系统。

• 通过实行进出口货物提前申报、升级港口基础设施、优化海关行政管理和公布收费标准等措施,简化进出口程序。

• 通过规定可给予的合同延期次数上限和将延期限于不可预见和例外情况,提升执行合同的便利度。

• 通过规定破产程序启动后的债权优先规则和提升债权人在破产程序中的参与程度,提高办理破产的便利度。

(2) 纳税等指标有望进一步改善

世界银行也指出,尽管取得了巨大进步,中国在纳税(排名第105位)、获得信贷(排名第80位)和跨境贸易(排名第56位)等领域仍显滞后。中国的出口边境合规耗时为21小时,成本为256美元,相比经合组织高收入经济体耗时较长,成本较高。中国企业财税合规年平均耗时138小时,而新加坡仅为64小时。

（二）国家发改委中国营商环境评价

国家发展改革委2018年组织在东、中、西部和东北地区22个城市开展了两批次营商环境试评价；2019年在直辖市、计划单列市、省会城市和部分地县级市等41个城市开展营商环境评价，并在东北地区21个城市开展了营商环境试评价；2020年在80个地级以上城市和18个国家级新区开展营商环境评价。

1. 评价指标体系

表2-2 我国营商环境评价指标体系

一级指标	二级指标	一级指标	二级指标
1. 市场开放度	1.1 市场准入开放度	7. 获得用气	7.1 用气报装程序
	1.2 市场竞争开放度		7.2 用气报装时间
2. 企业信心	2.1 中小企业投资意愿		7.3 用气报装成本
	2.2 新登记注册企业数		7.4 用气报装办理流程透明度
3. 开办企业	3.1 企业开办程序		7.5 企业用气支出
	3.2 企业开办时间	8. 获得网络	8.1 网络报装程序
	3.3 企业开办成本		8.2 网络报装时间
4. 办理施工许可	4.1 施工许可程序		8.3 网络报装成本
	4.2 施工许可时间		8.4 网络报装办理流程透明度
	4.3 施工许可成本		8.5 4G覆盖率
	4.4 建筑质量控制指数		8.6 企业用网支出
5. 获得电力	5.1 用电报装程序	9. 注册商标	9.1 商标注册程序
	5.2 用电报装时间		9.2 商标注册时间
	5.3 用电报装成本		9.3 商标使用监管力度
	5.4 用电报装办理流程透明度	10. 申请专利	10.1 专利申请程序
	5.5 用电可靠性		10.2 专利申请时间
	5.6 企业用电支出		10.3 专利使用监管力度
6. 获得用水	6.1 用水报装程序		10.4 专利代理机构规范水平
	6.2 用水报装时间	11. 获得信贷	11.1 合法权利力度指数
	6.3 用水报装成本		11.2 信用信息深度指数
	6.4 用水报装办理流程透明度		11.3 信贷服务质量
	6.5 企业用水支出		11.4 中小微企业申贷获得率

续 表

一级指标	二级指标	一级指标	二级指标
11. 获得信贷	11.5 直接融资便利度	17. 交通服务	17.1 公共交通便捷度
	11.6 中小微企业贷款平均利率		17.2 交通优势度
12. 登记财产	12.1 财产登记程序		17.3 物流成本
	12.2 财产登记时间	18. 社会服务	18.1 每10万人高质量教育资源
	12.3 财产登记成本		18.2 每10万人高质量医疗资源
	12.4 土地管理质量指数		18.3 住房成本
13. 缴纳税费	13.1 纳税次数		18.4 写字楼租金
	13.2 纳税时间		18.5 每10万人拥有的市场中介数
	13.3 总税率和社会缴纳费率	19. 保护中小投资者	19.1 披露程序指数
	13.4 报税后程序指数		19.2 攻速责任程度指数
	13.5 税收执法规范水平		19.3 股东诉讼便利度指数
	13.6 税外负担		19.4 股东权益程度指数
14. 跨境贸易	14.1 出口报送单审查时间		19.5 所有权和控制程度指数
	14.2 出口通关时间		19.6 公司透明度指数
	14.3 出口报送单审查成本	20. 执行合同	20.1 解决商业纠纷的时间
	14.4 出口通关成本		20.2 解决商业纠纷的成本
	14.5 进口报送单审查时间		20.3 司法程序质量指数
15. 政府采购	15.1 在线访问信息和服务透明度	21. 办理破产	21.1 回收率
	15.2 投标担保保证投标活动的严格度		21.2 破产框架强度指数
	15.3 履行合同义务后获得付款时间	22. 注销企业	22.1 注销程序
	15.4 政府采购市场上中小企业参与度		22.2 注销时间
	15.5 建立公平有效的投诉机制		22.3 注销成本
16. 信用环境	16.1 守信激励和失信治理	23. 劳动力市场监管	23.1 就业监管灵活性
	16.2 信用制度和基础建设		23.2 工作质量控制方面的灵活性
	16.3 诚信文化和诚信建设		23.3 万人新增就业数
	16.4 信用服务和信用创新		23.4 劳动力成本

2.《中国营商环境报告2021》

《中国营商环境报告2021》全面总结了2020年中国营商环境的大事和要

事，深入介绍了中国营商环境评价体系和方法，系统梳理了2020年我国营商环境的成效亮点，集中呈现了在2020年中国营商环境评价中涌现出的典型案例和最佳实践，生动展示了全国80个参评城市优化营商环境的207个典型案例。从案例入选情况看，80个参评城市中，仅有5座城市入选案例超过7个，分别为成都、青岛、重庆、济南、长沙。其中，青岛和成都有14项指标，入选前20标杆城市，进入全国前10位。上海、深圳、广州、北京、杭州、厦门全部18个指标均入选前20；成都、青岛有14个指标入选标杆。

2020年优化营商环境成效与亮点如下：

（1）市场化改革深入推进，市场活力充分释放

（2）法治化建设步伐加快，良法善治成为共识

（3）国际化水平明显提升，外贸外资稳中提质

（4）便利化举措广泛推行，政务服务高效便捷

（5）学术化疫情防控精准推进，复工复产保障有力

（三）中国贸易促进会营商环境评价

中国国际贸易促进委员会贸易投资促进部（以下简称"促进部"）、贸促会研究院（以下简称"研究院"）在连续五年（自2016年起）开展大规模中国营商环境调查、发布年度报告的基础上，2021年继续进行营商环境调查及报告编制工作，旨在密切跟踪、深入分析中国营商环境变化，全面客观反映营商环境建设成就及存在的问题，研究提出意见建议，以助力营商环境优化，进一步激发企业创造力和市场活力，促进经济社会稳定健康发展。

1. 评价指标体系

营商环境评价指标设计为12个一级指标和48个二级指标。各一级指标由二级指标加权平均得出（见表2-3），综合评价由企业直接打分，取算数平均。

12个一级指标包括基础设施环境、生活服务环境、政策政务环境、社会信用环境、公平竞争环境、社会法治环境、科技创新环境、人力资源环境、金融服务环境、财税服务环境、海关服务环境以及企业设立和退出环境。其

中，社会法治环境为2021年新设一级指标，海关服务环境为原"口岸服务环境"，为准确表述，对指标名称做出调整。

表2-3 2021年度中国贸易促进会营商环境评价指标体系

一级指标（12个）	二级指标（48个）及其权重
1. 基础设施环境	1.1 交通运输（1/5）
	1.2 网络通信（1/5）
	1.3 环保设施（1/5）
	1.4 水电所供应（1/5）
	1.5 城市规划和建设（1/5）
2. 生活服务环境	2.1 居住条件（1/6）
	2.2 医疗卫生（1/6）
	2.3 文体设施（1/6）
	2.4 教育水平（1/6）
	2.5 环境保护（1/6）
	2.6 社会治安（1/6）
3. 政策政务环境	3.1 政策公平性（1/5）
	3.2 政府服务效率（1/5）
	3.3 政策执行力度（1/5）
	3.4 官员廉洁程度（1/5）
	3.5 可预见性（1/5）
4. 社会信用环境	4.1 失信惩戒、守信奖励机制建设（1/3）
	4.2 社会信用度（1/3）
	4.3 征信体系建设（1/3）
5. 公平竞争环境	5.1 市场监管（1/5）
	5.2 行政垄断治理（2/5）
	5.3 政府采购（1/5）
	5.4 市场准入（1/5）
6. 社会法治环境	6.1 人大立法与法律监督（1/6）
	6.2 政府依法行政（1/6）
	6.3 法院近期审结案件（1/6）
	6.4 仲裁院近期审结案件（1/6）
	6.5 法院判决与仲裁裁决执行（1/6）
	6.6 知识产权保护（1/6）

续 表

一级指标（12个）	二级指标（48个）及其权重
7.科技创新环境	7.1 研发抵扣政策实施（1/5） 7.2 知识产权抵押（1/5） 7.3 产学研结合（1/5） 7.4 创业孵化服务（1/5） 7.5 公共服务平台建设（1/5） 企业科技研发投入；知识产权办理周期
8.人力资源环境	8.1 熟练劳动力的可获得性（1/4） 8.2 中高层管理人员的可获得性（1/4） 8.3 社会专业化人才的可获得性（1/4） 8.4 创新创业人才的可获得性（1/4） 人工成本占总成本比重；人工成本年均上涨幅度
9.金融服务环境	9.1 融资便利性（1/2） 融资成本占总成本比重；融资成本年均上涨幅度 9.2 融资渠道多元化（1/2）
10.财税服务环境	10.1 财税执法规范性（1/2） 税费缴纳次数、税费缴纳耗时；总费率、总税率 10.2 申退税办理时间（1/2） 出口退税到账时间
11.海关服务环境	11.1 货物通关（1/3） 出口时间（单证、边境）；出口费用（单证、边境）；进口时间（单证、边境）；进口费用（单证、边境） 11.2 检验检疫（1/3） 11.3 人员出入境（1/3）
12.企业设立和退出环境	12.1 土地获取（1/3） 开办企业程序、时间和费用；产权登记程序、时间和费用、施工许可办理流程、时限和费用；获得电力办理环节、申请材料、办理时限；用水、气报装办理环节；获得信贷办理环节、申请材料、办理时间； 12.2 环保手续（1/3） 12.3 破产手续办理（1/3） 破产诉讼费率；清算回收率；企业注销材料；企业注销费用

（注：每个指标取值范围为 1~5 分。为了便于在量化基础上进行定性分析，课题组将 4.5 分~5 分评价为非常满意（优秀）水平，3.5 分~4.5 分（不含 4.5 分）为较满意（良好）水平，2.5 分~3.5 分（不含 3.5 分）为一般水平，1.5 分~2.5 分（不含 2.5 分）为较差水平，1.5 分（不含 1.5 分）及以下为很差水平。）

2. 2021年中国营商环境评价

（1）2021年企业对中国营商环境整体评价良好

2021年全国营商环境评分为4.38分，与2020年相比提高0.03分，营商环境持续优化。在12个一级指标中，11个指标评价有所提高，1个指标评价略有下降。财税服务环境评价最高，其次是海关服务环境、社会法治环境和社会信用环境。人力资源服务环境、金融服务环境评价相对较低。东部地区、中外合资合作企业及传统制造业评价较高；西部地区、其他所有制企业、资源行业和服务行业对营商环境整体评价下降。

2021年，在七成以上企业受到新冠肺炎疫情冲击的情况下，超七成企业实现收益增长，企业连续五年收益多在小范围波动。利用本地资源和开拓市场是企业投资主因，中国消费增长和中产阶级扩大取代数字技术成为最重要的商业机会。超五成受访外资企业将中国视为其全球首要投资对象，但也有28%的外资企业表示对华追加投资不在其计划内。

（2）中国营商环境持续优化

2021年全国营商环境成就主要表现为：一是有效的监管体系为简政放权提供保障；二是法治化营商环境日趋完善；三是减税降费措施成效显著，企业感受到"真金白银"的实惠；四是贸易投资便利化大幅提升；五是传统基建和"新基建"持续优化。

此外，"十三五"期间，中国营商环境持续优化，各地展开了原创性、差异性探索，形成了一批实践证明行之有效、人民群众满意和市场主体支持的改革举措和典型经验，有力促进各地互学互鉴，推动营商环境进一步优化升级。

（3）营商环境仍有改善空间

结合问卷统计结果和调研分析，课题组认为中国营商环境仍存以下问题：一是个别地区政务服务仍存在短板；二是部分政策科学性水平有待提升；三是企业生产成本显著提高；四是多地反映员工招聘困难；五是融资难问题仍然制约企业发展；六是产业配套体系仍需完善；七是国际不确定性因素增加。

（四）黑龙江省营商环境评价

1. 评价指标体系

黑龙江省营商环境评价包含12个参评指标，采用前沿距离法，此方法是世界银行评价营商环境指标的算分方法，是指一个参评经济体在一个指标的得分根据其与前沿水平的差距计算得出，公式如下：

$$DTF = \frac{w-d}{w-f} \qquad （式2-1）$$

DTF为前沿距离值，w为该指标的最差值数据（取决于该地区参评城市的最差值数据，实际项目中选择排序最末尾的实际数据），d为被评对象实际值，f为最优值（取决于该地区参评城市的最优值数据，实际项目中选择排序第一的实际数据）。

按照区域评价的方式，其前沿水平一般定为该区域最优值，最差水平为该区域最差值，因此前沿距离得分一定会有最差值0分和最优值100分。当被评对象实际值d为该指标的最差值w时，前沿距离得分为0分，当被评对象实际值d为该指标的最优值f时，前沿距离得分为100分。

表2-4 黑龙江省营商环境便利度指数

一级指标：营商环境便利度指数		
二级指标	二级指标	二级指标
1.开办企业	5.登记财产	9.政府采购
2.办理建筑许可	6.纳税	10.招标投标
3.获得电力	7.跨境贸易	11.政务服务
4.获得用水用气	8.办理破产	12.市场监管

2.《2020年黑龙江省营商环境监测报告》

黑龙江省营商环境局发布《2020年黑龙江省营商环境监测报告》显示，近七成市场主体和人民群众对黑龙江省营商环境很满意。从两年来营商环境监测情况看，市场主体和人民群众感受到黑龙江省营商环境正在发生明显变化，对营商环境满意度和变化感知度明显提高，全省营商环境得到明显改善。

全省营商环境满意度得分84.7，其中，政务环境满意度得分86.2、法治环境满意度得分87.0、市场环境满意度得分86.4、人文环境满意度得分84.3、自然环境满意度得分79.3。营商环境变化感知度得分84.4，其中，政务环境变化感知度得分87.9、法治环境变化感知度得分84.6、市场环境变化感知度得分83.4、人文环境变化感知度得分82.8、自然环境变化感知度得分83.2。

报告同时显示，市场主体和人民群众反映黑龙江省营商环境还存在118个比较突出的具体问题。这些问题分布在政务环境、法治环境、市场环境、人文环境、自然环境之中，如供热供暖、执行合同、办理破产、招标投标、政府采购、电信基本公共服务、医疗基本公共服务、城市居民用水质量、城市交通等方面都存在一些比较突出的问题。这些问题将作为2021年全省优化营商环境的重点内容，交由各市（地）、各部门认真研究解决。这些问题也将成为研究制定全省优化营商环境政策措施的重要依据，在打造市场化、法治化、国际化的营商环境过程中发挥重要作用。

（五）粤港澳大湾区研究院中国城市营商环境评价

1. 评价指标体系

粤港澳大湾区研究院营商环境排名一级指标是城市营商环境，二级指标有六类，即软环境、市场环境、生态环境、基础设施环境、社会服务环境、商务成本环境，三级指标共有29个，四级指标有32个。上述列入四级指标的单个指标在纳入测算时，有的是正向指标，即值越高，指数越大，有的是负向（逆向）指标，数字越高，指数越低。比如GDP总量是正向指标，总量越大，指数越高。但是PM2.5浓度是负向指标，数值越高，指数越低。

每单个指标测算指数采取无量纲化的方式，也叫数据的标准化，是通过数学变换来消除原始变量（指标）量纲影响的方法。无量纲化的上下阈值分别取35个城市的最高值和最低值。

单项正指标无量纲化计算公式为：

$$某市分值 = \frac{该市指标值 - 最小值}{最大值 - 最小值} \qquad （式2-2）$$

单项逆指标无量纲化计算公式为：

$$某市分值 = \frac{最大值-该市指标值}{最大值-最小值} \qquad (式2-3)$$

2. 2020年中国城市营商环境评价

2020年全国296个营商环境城市中，排名前10的城市为：深圳、上海、北京、广州、重庆、成都、杭州、南京、长沙、武汉。其中北京、杭州的名次比2018年有所上升。苏州、珠海、东莞、泉州、佛山、嘉兴、湖州等表现突出（见表2-5）。

一线城市在很多指标上有独特的优势。其中深圳市场主体总数和每万人市场主体总数，多年持续位居全国第一。北京空气质量已经高于很多中部和南方城市，已经正式告别雾霾城市标签。上海常住人口数、经济总量均为全国第一，是全国市场容量最大、公司数量最多的城市，基础设施也是全国第一。广州货运总量2019年为全国第一，人均社会消费品零售总额为全国第一，表明其全国的交通中心、商业消费中心的特征明显。

与2018年的报告相比，北京、杭州、宁波、厦门、郑州、天津、合肥、福州、济南、太原、银川、石家庄等城市的名次，在35个大中城市中有所提升。包括珠海、东莞、泉州、佛山、温州等在内的多个城市首次被纳入营商环境城市范围，表现异常突出。本次报告使用各类统计年鉴数据和行政记录，以及启信宝等多个大数据公司数据，测评了296个地级以及地级以上的城市，涉及企业全生命周期、投资吸引力和高质量发展的在线指标，包括开办企业、市场监管、创新创业活跃度、生态环境、科技创新等指标。广东粤港澳大湾区研究院和21世纪经济研究院曾经在多个一、二线城市承担了营商环境评价的课题，通过在线监测数据、企业满意度调查和实地调研结合的方式，创立了营商环境测评时间短、数据真、测评准的独特方法。

表2-5 2020年全国城市营商环境200强

粤港澳大湾区研究院、21世纪经济研究院2020年全国城市营商环境200强

排序	城市	营商总得分	排序	城市	营商总得分	排序	城市	营商总得分
1	深圳	0.6064	19	泉州	0.3533	37	惠州	0.3183
2	上海	0.6062	20	天津	0.3522	38	济南	0.3175
3	北京	0.6006	21	昆明	0.35	39	三亚	0.311
4	广州	0.552	22	佛山	0.3497	40	沈阳	0.3083
5	重庆	0.5168	23	无锡	0.349	41	绍兴	0.3065
6	成都	0.4896	24	贵阳	0.3485	42	太原	0.3055
7	杭州	0.4718	25	合肥	0.346	43	江门	0.3048
8	南京	0.432	26	福州	0.3453	44	南通	0.3047
9	长沙	0.4225	27	大连	0.3413	45	银川	0.3043
10	武汉	0.4205	28	温州	0.3378	46	常州	0.3031
11	西安	0.4016	29	南宁	0.337	47	丽水	0.3024
12	宁波	0.3986	30	南昌	0.3323	48	烟台	0.3
13	厦门	0.397	31	金华	0.3303	49	拉萨	0.2994
14	苏州	0.3958	32	海口	0.3252	50	赣州	0.296
15	珠海	0.3894	33	嘉兴	0.321	51	衢州	0.2937
16	青岛	0.3859	34	台州	0.3195	52	莆田	0.2905
17	郑州	0.3592	35	湖州	0.3193	53	景德镇	0.2905
18	东莞	0.3569	36	中山	0.3185	54	十堰	0.2899
						55	芜湖	0.289
						56	鄂尔多斯	0.2889
						57	石家庄	0.2879
						58	舟山	0.2871
						59	九江	0.2841
						60	长春	0.2839
						61	绵阳	0.2835
						62	徐州	0.2833
						63	防城港	0.2833
						64	乌鲁木齐	0.2832
						65	兰州	0.2821
						66	阳江	0.2818
						67	哈尔滨	0.2812
						68	清远	0.2811
						69	秦州	0.281
						70	韶关	0.281
						71	上饶	0.2803
						72	遵义	0.2789

续 表

粤港澳大湾区研究院、21世纪经济研究院2020年全国城市营商环境200强

排序	城市	营商总得分	排序	城市	营商总得分	排序	城市	营商总得分
73	嘉峪关	0.2785	93	威海	0.268	113	梧州	0.2601	133	石嘴山	0.2533
74	柳州	0.2781	94	潍坊	0.2679	114	曲靖	0.2597	134	梅州	0.2531
75	攀枝花	0.2769	95	乐山	0.2677	115	克拉玛依	0.2597	135	湛江	0.2529
76	新余	0.276	96	抚州	0.2669	116	衡阳	0.2594	136	巴彦淖尔	0.2528
77	西宁	0.2744	97	南平	0.2668	117	宝鸡	0.2594	137	汕头	0.2525
78	扬州	0.2742	98	唐山	0.2662	118	洛阳	0.2592	138	营口	0.2524
79	三明	0.2733	99	宜昌	0.2654	119	河源	0.2592	139	安庆	0.2524
80	漳州	0.2732	100	吉安	0.2648	120	本溪	0.259	140	池州	0.2519
81	郴州	0.2727	101	茂名	0.2646	121	玉溪	0.2579	141	蚌埠	0.2517
82	盐城	0.2726	102	普洱	0.264	122	云浮	0.2575	142	湘潭	0.2516
83	黄山	0.2722	103	淄博	0.2634	123	鹰潭	0.2572	143	阜阳	0.2514
84	雅安	0.2714	104	林芝	0.2629	124	咸宁	0.2563	144	临沂	0.2512
85	龙岩	0.2713	105	呼和浩特	0.2624	125	廊坊	0.2562	145	玉林	0.251
86	宁德	0.2704	106	包头	0.2617	126	淮安	0.2558	146	保山	0.2509
87	镇江	0.2702	107	六安	0.2615	127	肇庆	0.2555	147	吴忠	0.2506
88	株洲	0.2701	108	安顺	0.2615	128	北海	0.2554	148	大庆	0.2506
89	桂林	0.2701	109	萍乡	0.2613	129	丽江	0.2551	149	抚顺	0.2505
90	宜春	0.2696	110	德阳	0.2611	130	六盘水	0.2541	150	金昌	0.2496
91	马鞍山	0.2695	111	常德	0.2608	131	酒泉	0.2541	151	山南	0.2492
92	宣城	0.268	112	铜仁	0.2605	132	乌海	0.2533	152	吉林	0.248

续表

粤港澳大湾区研究院、21世纪经济研究院2020年全国城市营商环境200强

排序	城市	营商总得分	排序	城市	营商总得分	排序	城市	营商总得分	排序	城市	营商总得分
153	延安	0.2478	165	黄冈	0.2441	177	铜陵	0.2414	189	济宁	0.2373
154	广元	0.2477	166	昌都	0.2435	178	南充	0.2408	190	荆门	0.2371
155	揭阳	0.2474	167	张掖	0.2431	179	连云港	0.2403	191	广安	0.2359
156	毕节	0.2474	168	滁州	0.2429	180	大同	0.2399	192	安康	0.2357
157	固原	0.247	169	保定	0.2429	181	眉山	0.2398	193	淮北	0.2354
158	哈密	0.2465	170	邵阳	0.2426	182	昭通	0.2392	194	榆林	0.2352
159	宜宾	0.2459	171	岳阳	0.2421	183	日照	0.2392	195	东营	0.2352
160	永州	0.2452	172	襄阳	0.242	184	河池	0.2391	196	自贡	0.2349
161	宿迁	0.2451	173	黄石	0.2418	185	汕尾	0.2391	197	赤峰	0.2349
162	鄂州	0.245	174	贵港	0.2417	186	怀化	0.239	198	汉中	0.2347
163	临沧	0.2449	175	泸州	0.2416	187	锦州	0.2385	199	贺州	0.2344
164	秦皇岛	0.2444	176	儋州	0.2415	188	呼伦贝尔		200	淮南	0.2342

第2节 理论基础

一、高阶梯队理论

高阶梯队理论（Upper Echelons Theory）认为，具有不同背景特征的企业管理者，由于企业内、外部环境的复杂性以及认知结构的有限理性，会基于自身认知和价值观进行企业战略决策[145]。学者们认为，企业家的性别[146]、教育[147]和家庭背景[148]以及项目运作经验[149]等会对企业部署相关战略决策产生影响[150]，同时也会增加风险、不确定性等不利因素[151]。当企业管理者认识到风险产生的原因后，便会采取相应的保护措施来规避风险，如提高生产力和降低业务成本等一系列措施强化企业应对外部风险冲击的能力，不断将风险对企业可能造成的不利影响降到最低[152]。

近年来，随着上市公司信息不断完善，能够反映企业家个人特征的相关研究数据也逐渐变得容易获取和测量，为高阶梯队理论研究情境下的人口统计特征变量研究提供了极大的便利。较多地探讨了企业家背景特征与公司治理、战略决策的关系，如管理者过度自信、高管离职以及管理者异质性对企业经营绩效的影响。但是，学术界也逐渐意识到基于高阶梯队理论研究获取的人口统计特征变量并不能完全反映出企业家在企业生产经营过程中所起的作用。受外部不确定性因素的影响，有限理性条件下企业家所做决策就会不自主地倾向自利最大化目标。因此，企业家自身所具有的独有特征——企业家精神对企业成功至关重要。

本书认为，虽然高阶梯队理论认为高层管理团队产生的团队绩效能够更好地促进企业成长，企业家个人受制于价值观、个人认知等因素的影响，执行企业战略决策的效果并没有高层团队好。但当企业家个人受到外部环境和情绪影响时，为了获取新的信息，企业家精神的发挥能够在不确定的环境中搜寻机会，打破经营现状，促使企业家在企业战略和结构方面做出调整，最终对企业成长产生影响。因此，研究企业家精神有利于企业家重新审视自身，寻求有利的认知方法，形成引领企业可持续发展的企业家精神，最终体现为企业成长。

二、委托代理理论

随着企业规模化大生产的不断发展，专业化分工使得企业所有者依靠自身所拥有的知识储备、管理技能等已经无法有效地经营日渐庞大的企业，亟须一批具有过硬专业技能知识以及企业管理经验的职业经理人加入到企业的生产经营活动当中，并依据其提供的服务、为企业带来的绩效水平支付相应的报酬。在这种关系中，代理人由于相对优势而代表委托人行动。但是，由于企业的所有权与经营权分离，普遍存在信息不对称问题，双方也极易产生利益冲突。因此，企业发展过程中也面临着诸多问题。在这种情况下，委托代理理论（Principal-agent Theory）应运而生。

委托代理理论的构建有两个基本假设：一是委托人间接影响企业发展，二是委托人不会直接观察代理人在企业中的行为。经济人假设认为，理性经济人思维逻辑清晰，不易受情绪和外部环境的影响，在经济发展过程中只追求利益最大化，因此在战略决策部署上也会遵循自利性这一原则，做出最优决策。当经济人处于信息不对称的条件时，受外部不确定性因素的影响，他们所做的决策会出现明显的区别，这种变化称之为"有限理性"。在代理理论看来，管理者的有限理性和自利性存在一定的不客观性，极易忽略企业的长期利益。

当企业所有权与经营权分离时，企业权利主体与责任主体不一致，代理人行使权利得到委托人的充分授权，此时拥有信息的代理人可能会利用信息优势孤立委托人，导致委托人无法在事前、事中对企业代理人的行为进行监督，只能依据事后产生的经济效益对代理人做出评估。因此，企业管理者可能会损害委托人的利益而追求自身利益最大化。为防止代理人的投机行为，确保代理人能够长期维持企业的竞争优势，就需要制定一个有效的监督机制，实现委托人追求的企业绩效长期增长与巨额投资回报目标。在这个过程中，极易产生代理人"道德风险"问题，具体表现为代理人依据自身信息优势损害股东以及其他相关主体的利益[153]。究其本质仍旧是自利最大化，企业家精神就是其典型体现。委托代理理论关注企业内部信息不对称与企业代理之间的关系，将代理人完全视为追求自身利益最大化的机会主义者。为减少由委托代理机制产生的代理人自利行为，利用企业董事会以及外部监督机制来监控代理人的方式逐渐引起学术界关注。

企业家通常是企业的代理人，企业家精神的发挥能够影响企业发展过程中的企业家行为，本书主要研究企业家精神在企业发展过程中所产生的影响，而企业家的创新、担当及以人为本精神又是企业成长壮大的关键因素，对企业委托人追求的业绩长期增长与投资回报目标实现至关重要。因此，委托代理理论能够为本研究提供相应的理论指导。

三、现代管家理论

Donaldson 和 Davis 提出了现代管家理论（Stewardship Theory），从代理理论的对立面，揭示了代理人与委托人之间的另外一种关系[154]。与委托代理理论不同的是，现代管家理论认为企业管理者是企业的管家，目标与企业委托人一致，即追求企业利益最大化，不需要利用董事会的监管职能制约、监督代理人，而应该充分信任并授予企业管理者权限，使其能够最大限度地发挥自身才能，积极应对复杂多变的市场环境，进而促进企业成长。现代管家理论是在代理理论于企业实践中逐渐失灵的情况下产生的[155]，突破了传统代理理论的假设和研究思路，聚焦于委托人、代理人两个利益主体去分析他们之间的相互关系，一定程度上能够缓解委托人与代理人之间的矛盾关系，也能够对公司治理实践中出现的问题作出合理解释。因此，现代管家理论为解决公司治理问题提供了新思路，在一定程度上弥补了代理理论的不足。

现代管家理论认为，企业代理人并不纯粹是趋于自利最大化的"经济人"，除了物质需求外，也有更高层次的对自身价值、抱负和内心满足的追求。在契约关系条件下，它可以关注组织或集体的利益，而不受自身利益的驱动，考虑企业长远发展决策，履行对组织的承诺[156]。面对环境的不确定性、复杂性和不断增加的风险，通过建立股东与管理者之间的信任关系，积极应对环境的快速变化，管理者可以在公司治理中发挥灵活有效的决策者作用。同时，现代管家理论认为，两职合一能够减少企业管理层成员之间的摩擦，进而形成强有力的领导团队，提高企业的经营效率。

诸多研究表明，从管家理论的角度来看，它可以有效降低股东监督成本，提高公司绩效和组织创新能力，股东与管理者之间的高度合作、相互信任的关系能够有效激发企业管理者的创新精神，从而促进企业开展创新工作。在此基础上，不同于委托代理理论，现代管家理论认为管理者和股东的利益在本质上是一致的，企业无需刻意加强对股东与代理人之间关系的监督与控制。现代管家理论为公司治理带来了以下新的启示：一、为了给绩效提供更好的保障，股东应赋予管理者更多的自主权，而不是一味地监督、约束管理者的自利行为；二、在"社会人"假设框架下，仅仅给予管理者物质奖励是不够的，管理者更需要的是在成就、尊重方面的激励；三、管理者同时担任董事长是企业内部相互信任的体现，能有效激发管理者的主观能动性，对提升企业经营效率具有积极影响。

本书认为，企业家作为企业的代理人，并不纯粹是趋于自利最大化的"经济人"，具有高层次的对自身价值、抱负和内心满足的追求，会时刻关注企业的利益，考虑如何实现企业长远发展。企业家精神体现了企业的合作与进取，充分信任并授权企业家，使其最大限度地发挥自身才能，履行对实现企业成长的承诺。因此，现代管家理论为本研究提供了重要的理论基础。

四、产业组织理论

英国经济学家马歇尔认为，在激烈的市场竞争条件下，能够适应市场竞争条件的企业将会持续存活下去，否则就会被市场淘汰。这种优胜劣汰的机制导致大量企业兼并现象出现，市场资源不断流向经营效率更高的企业，一定程度上导致企业规模不断扩大，企业各类生产经营活动也持续集中，从而形成规模经济效应。但其客观上又会导致市场垄断现象出现，使得市场机制的资源配置作用失灵，最终扼杀市场自由竞争。这就是著名的"马歇尔冲突"问题。在不完全市场竞争条件下，企业经营活动和市场竞争结构内的规模经济效应与企业间极易产生竞争冲突[157]。Kim 和 Jang 认为，产业组织结构影响企业竞争结构和进入新市场的速度，进而影响到企业在市场上的表现，同时市场需求也会影响市场结构的变化，企业一旦未能把握住市场机遇，及时调整产业结构，将会降低企业的盈利能力[158]。

市场经济的本质是通过合理的竞争机制提高资源配置效率。现代企业管理制度在本质上要求企业建立一种适应现代社会化大生产和市场经济体制要求的制度，其根本目的在于合理有效地控制、纠偏企业生产经营活动中的不利因素，促进企业成长，提升企业价值[159]。

表2-6　产业组织理论

学派	年份	代表人物	主要观点	分歧和争论 分析方法	分歧和争论 分析角度
哈佛学派	20世纪30年代	梅森（E. Mason）、贝恩（J. Bain）等	市场结构决定市场行为	强调经验的重要性，通过现象分析得出结论	改善低效率的资源配置，强化企业市场竞争地位
哈佛学派	20世纪60年代	谢勒（F. M. Scherer）	市场结构—市场行为—市场绩效	强调经验的重要性，通过现象分析得出结论	改善低效率的资源配置，强化企业市场竞争地位
芝加哥学派	20世纪60年代至70年代	斯蒂格勒（G.Stigler）、麦杰（Y.McGee）等	市场绩效决定市场地位	通过理论模型得出结论	企业应当合理配置资源，实现长期均衡

注：资料根据MBA智库百科整理

按照产业组织理论，充分发挥产业组织优势，"一盘棋"谋划、"全链条"推进，打造具有竞争力的产业生态，才能构建更具吸引力的营商环境，打造出更具影响力的产业集群，提升产业的吸引力、话语权，为企业家精神充分发挥、使其在市场上获得更多机会奠定基础，并通过整合企业优势资源，为企业实现可持续成长提供强劲动力。

本章主要论述了与本书研究相关的概念和理论基础，界定了营商环境、企业家精神以及企业成长性的相关概念，并梳理总结了有关营商环境、企业家精神与企业成长性关系研究的国内外文献。在理论基础中，介绍了高阶梯队理论、委托代理理论、现代管家理论以及产业组织理论，为本书后续研究提供了理论支撑。

第 3 章

东北三省企业家精神和营商环境现状调研

东北地区早年间被誉为"新中国经济的摇篮",受到全国范围内的褒扬,也传颂着诸如"铁人王进喜"兢兢业业、不求回报的敬业爱岗精神,"劳模孟泰"爱厂如家、勇攻科技难关的担当奉献精神。改革开放后,东北地区历经计划经济体制向市场经济体制的艰难转轨,但仍存在区域创新意识薄弱、行政体制僵化、新市场主体培育不佳等问题,企业家精神状况也不容乐观。本章将从东北地区企业家精神发展的现状入手,通过对个体层面(个体私营从业人数)、组织层面(企业)与外部环境层面(营商环境)的现状描述,归纳出东北三省企业家精神发展总体不佳的问题所在,最后对东北地区企业家精神发展的客观现实状况做出相关评价。

第1节 东北三省企业家精神发展现状

一、东北三省企业家创新能力的发展现状

创新是企业家的核心特征,企业家精神最核心的是创新精神,指承担风险、制订计划、将不同生产要素排列组合的精神。企业长期稳定的发展离不开创新能力,一个地区的高速增长离不开企业家精神。

如图3-1所示,以三种专利申请数量(件)/地区生产总值(亿元)来衡量我国的企业家创新能力。本书选取人均GDP排行前八名的发达地区省份(京、津、沪、江、浙、闽、鲁、粤),以及人均GDP与东北三省相近省份(冀、豫、鄂、湘、琼、陕、宁)的创新能力进行对比。经济发达省份的创新能力远远高于东北地区,也远远领先于全国平均水平,并有逐年上升趋势;与此同时,东北地区的创新能力与发达地区创新能力的差距也在逐渐加大,2018年东北三省的创新能力仅仅是发达地区的36.45%,且差距存在逐渐拉大的趋势;而2010年之前,东北三省的创新能力增幅与全国平均水平相差

不大，2010年之后全国平均创新能力增长明显快于东北三省；经济发展水平相近省份的创新能力2015年之前与东北地区不相上下，但2015年之后有实现反超的趋势。从图中可以看出，发达省份的创新能力明显远远高于东北地区，由此可见中国各区域的创新能力截然不同，东北地区面临着区域创新能力偏弱的窘境；黑龙江省的创新能力增速与经济相近省份相比，2011—2015年间持续领先；在2011—2017年均领先于东北三省，但在2018年之后，增速明显下降，甚至低于东北三省增速，且被经济相近的省份反超。

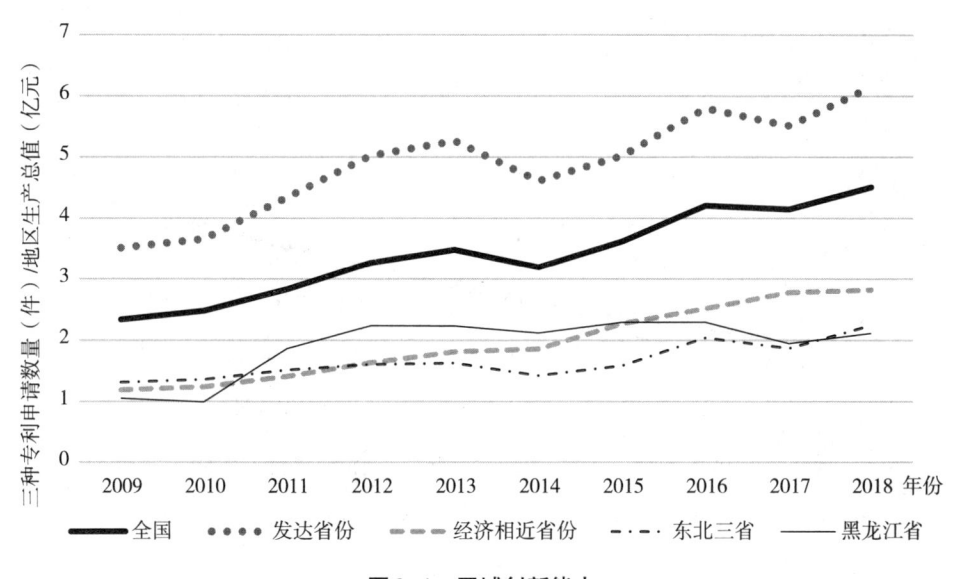

图3-1 区域创新能力

数据来源：国家统计局

二、东北三省企业家创业能力发展现状

以下将从企业创业层面对东北三省区域企业家精神现状进行衡量。在关于企业创业的企业家精神的文献中，最常见的度量指标有：新增净资产/利润、自雇人士数量、企业进入比率、专利发明数量等。参考陈长江和高波[160]、郑尚植和贾思宇等[161]的指标体系，采用个体工商户和私营企业的就业人数与常住人口比重来反映企业创业情况，即区域企业家精神情况。

图3-2显示了2009—2018年间区域企业家精神的发展水平。由图可知，

经济发达省份的企业家精神水平逐年递增，且在2013年之后，增速明显增快；全国企业家精神平均水平一直保持较为稳定的增长速度，但在2014年以前，增速低于东北地区，而在此之后，东北企业家精神一直维持在较慢的增幅水平上。由图可以看出，2014年以来，东北三省企业家精神在下降了一段时间后，增幅明显要比2014年以前快，但是发展水平依旧不高。截至2018年，黑龙江省企业家精神指数平均数据较2009年涨幅达52.94%，说明东北三省企业家精神不断发展，并有向好趋势。

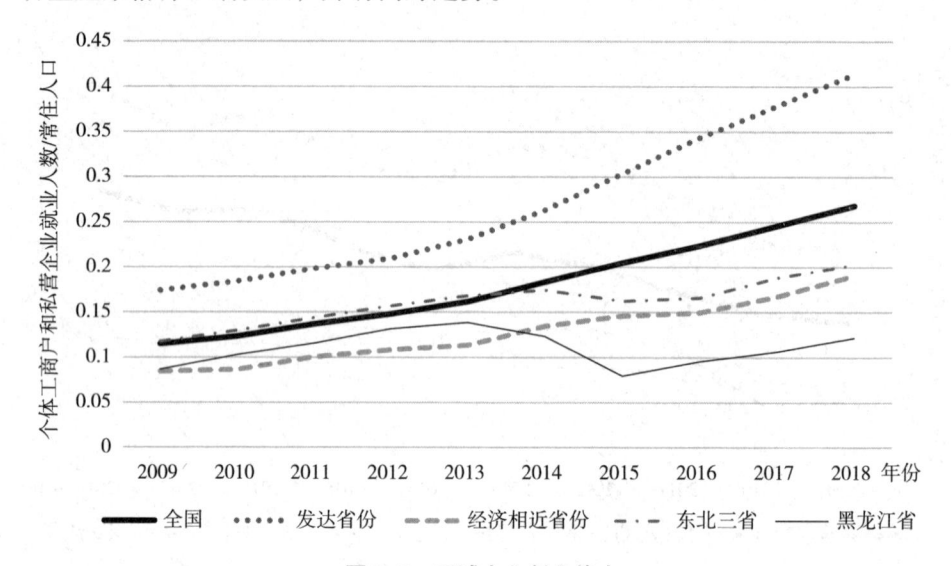

图3-2 区域企业创业能力

数据来源：国家统计局

由图3-3可知，2009—2018年以来，吉林省的私营企业从业人数一直保持递增趋势，而黑龙江省2013—2015年期间经历了私营企业从业人员骤减的情况，辽宁省在2014—2015年同样也经历了从业人员流失的状况。但是，辽宁省的私营企业从业人数一直高于其他两省，说明辽宁省的企业比较多，企业家的创业能力也比较强；黑龙江省在2014年以后，就一直处于三省末位。因此，黑龙江省亟须进一步增强企业家精神的深层次活力。

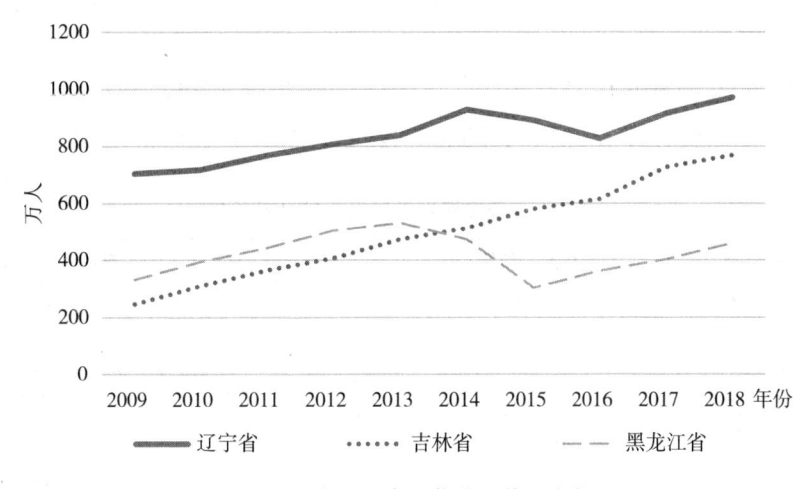

图3-3 东北三省私营企业从业人数

数据来源：国家统计局

第2节 东北三省营商环境发展现状

为了选取能够体现东北三省企业营商环境优化的指标体系，本书编写小组在微博、贴吧、政府官网等网络平台搜集各种相关资料。在搜集整理网络及文献资料之后，对影响东北三省营商环境的相关资料进行梳理，我们列出问卷调查中可能涉及的基本问题和各种可能的选项，再进一步通过专家咨询法对个别问题的细节进行了修订和改正，最终确定正式调查所选用的调查问卷（见附录1）。

一、营商环境调查的统计方法

营商环境调查结果依据黑龙江省内各企业填写的调查问卷进行统计分析，各市（区）调查对象由全省各地不同行业、不同规模的企业组成。

营商环境满意度采用1~7分打分制，分数越高，代表越认同，营商环境满意度也就越高。营商环境调查内容从6个方面45项统计指标出发，6个方面即软环境、市场环境、商务成本环境、基础设施环境、生态环境、社会服务环境。

调查问卷的发放日期为2019年2月25日—2019年3月25日。

调查问卷共计发放282份，回收有效问卷233份，回收率82.62%。

表3-1 调查问卷发放以及统计回收表

各市（区）	发放问卷数量（份）	有效问卷（份）	有效问卷回收率
哈尔滨市	45	42	93.33%
齐齐哈尔市	32	29	90.63%
牡丹江市	20	16	80.00%
佳木斯市	15	13	86.67%
大庆市	30	25	83.33%
鸡西市	20	17	85.00%
双鸭山市	20	16	80.00%
伊春市	20	15	75.00%
七台河市	20	14	70.00%
鹤岗市	15	11	73.33%
黑河市	15	12	80.00%
绥化市	15	13	86.67%
大兴安岭地区	15	10	66.67%
合计	282	233	82.62%

二、营商环境调查结果分析

（一）软环境

表3-2 软环境调查情况

软环境指标	指标说明	频数	占比
企业注册	当地注册企业的审批环节手续很简单	36	15.32%
	当地的企业名称登记更便利了	29	12.34%
	能够以清单方式明确列出禁止和限制投资经营的行业、领域、业务等，清单以外的各类市场主体均可依法平等进入	31	13.19%

续 表

软环境指标	指标说明	频数	占比
行政审批	前置审批手续烦琐	49	20.85%
	审批环节多、要件多，审批时间长	64	27.23%
	权力下放后，由于基层对政策不够熟悉，审批反而更难	47	20.00%
法治环境	司法判决执行、落实情况	89	37.87%
	企业投诉渠道的畅通性	54	22.98%
	法律对私有财产、知识产权的保护程度	23	9.79%
涉企收费	收费项目、收费标准不公开、不透明	19	8.09%
	多头收费、重复收费、超标准收费	76	32.34%
	强制企业支付本应由政府支付的费用	50	21.28%
	对已取消的收费项目仍然收费	60	25.53%
政府服务	政府承诺的各项优惠政策能够得到落实	80	34.04%
	政府工作人员的工作效率和服务态度	56	23.83%
	政府工作人员办事流程的规范性	26	11.06%
	政府工作人员在工作中不推诿敢于担责	36	15.32%
	当地企业可在网上办理审批事项	25	10.64%

由表3-2的软环境调查情况来看，企业关注最多的首先是司法判决执行、落实情况，所占百分比是37.87%；其次是政府承诺的各项优惠政策能够得到落实，占比34.04%；再次是多头收费、重复收费、超标准收费，占比为32.34%。可以看出，企业的关注点在法治环境、涉企收费、政府服务方面。同理，可以看到的是，企业对政府的收费项目、收费标准不公开、不透明方面最为不关注，这应该是因为企业之间联系较为密切，其他企业的收缴费情况在第一时间能被本企业知晓，所以各市场主体并不关心。

（二）市场环境

由表3-3的市场环境调查结果来看，企业的关注点主要集中在合法合规性、公开性、投融资环境等方面，对其他方面的关注程度处于中等水平。企业对投融资环境中"银行办理贷款时资格审查要求合理、审批效率高、服务态度好"的关注度是最高的,占比高达98.30%,其次是"监管过程中随机抽取检查对象,随机选派执法检查人员,抽查情况及检查结果及时向社会公开(双随机一公开)",占比为90.21%。

表3-3 市场环境调查情况

市场环境指标	指标说明	频数	占比
合法合规性	市场监管部门能够依法监管	96	40.85%
	市场监管过程中无乱收费现象	106	45.11%
	市场监管部门自由裁量权能够明确、细化、量化	203	86.38%
公开性	监管过程中随机抽取检查对象,随机选派执法检查人员,抽查情况及检查结果及时向社会公开(双随机一公开)	212	90.21%
公平性	政府部门能够公平对待不同所有制企业	89	37.87%
	政府部门能够公平对待本地和外地企业	75	31.91%
社会信用	您对当地的社会整体信用很满意	56	23.83%
信用监管	您对当地的信用监管失信惩戒工作很满意	64	27.23%
协会、商会服务	行业协会、商会能够有效为企业提供服务	59	25.11%
投融资环境	当地的金融服务市场秩序良好,能够满足企业需求	57	24.26%
	银行办理贷款时资格审查要求合理、审批效率高、服务态度好	231	98.30%

(三)商务成本环境

表3-4 商务成本环境调查情况

商务成本指标	指标说明	频数	占比
人力资源环境	当地的劳动力素质水平	199	84.68%
	贵企业雇佣、解雇员工的难易程度	233	99.15%
	贵企业技术人才的流失程度	201	85.53%
涉税事项	企业涉税事项办理起来很便利	89	37.87%
	您对营改增政策实施效果的满意度	63	26.81%
	目前企业的税负很重	99	42.13%
	目前企业承担的社会保障费率很高	109	46.38%

在表3-4商务成本环境调查结果中，企业最为关注的依次是"企业雇佣、解雇员工的难易程度""企业技术人才的流失程度""当地的劳动力素质水平"等三项内容，占比依次为99.15%、85.53%、84.68%。

（四）基础设施环境

表3-5　基础设施环境调查情况

基础设施环境指标	指标说明	频数	占比
配套设施	水、电、气、暖、通信、垃圾以及污水处理等设施	200	85.11%
交通设施	市内交通运输的便利程度	229	97.45%

（五）生态环境

表3-6　生态环境调查情况

生态环境指标	指标说明	频数	占比
城市绿化	市内绿化程度，如草皮、树木等	232	98.72%
城市旅游	市内旅游景点知名程度	214	91.06%

由表3-5和表3-6的调查结果来看，各市场主体对所在城市的基础设施环境、生态环境的关注度均比较高。

（六）社会服务环境

表3-7　社会服务环境调查情况

社会服务环境指标	指标说明	频数	占比
公共安全	您对当地的社会公共安全的满意度	65	27.66%
教育服务	您对当地的教育服务的满意度	54	22.98%
社会保障	您对当地的社会保障服务的满意度	89	37.87%
医疗服务	您对当地的医疗服务的满意度	54	22.98%
管理水平	您对当地的城市管理水平的满意度	63	26.81%

由表3-7的社会服务环境调查结果来看，各市场主体最为关注的是当地

的社会保障服务，占比为37.87%。

东北三省激发和保护企业家精神仍面临不少问题，诸如东北地区长久以来区域创新意识不够，包含创新创业的国民教育体制发展不完善；经济结构以重化工业为主体，新市场主体培育不完善，对优质人才的吸引力度不够，同时造成本地人才的大量流失；长久以来官本位思想较为严重，营商环境需要进一步进行改善；等等。

第3节 激发和保护企业家精神存在的问题

一、区域创新意识薄弱

创新是企业家精神的灵魂，而东北三省普遍面临着创新水平较低的问题。东北地区 R&D 经费投入的强度长期低于全国平均水平，2018年黑龙江、吉林、辽宁三省的国内专利申请授权数排名分别为第22位、第25位和第18位，依次为34 582、27 034和65 686件，不到江苏省同期的二十分之一，在全国排名处于中下游；对科研的投入欠缺自然导致创新产出也较低，创新水平与竞争能力不断下降。从专利申请数量与地区生产总值占比来看，发达省份的创新水平远高于东北地区，2018年三省中申请专利数量最多的辽宁，还不足浙江的十分之一。东北地区创新创业沉寂，导致了经济绩效的显著下滑。近年来中国民营企业 500 强榜单中东北三省上榜企业寥寥，占比常年不足 5%。《中国工业百强县（市）、百强区发展报告》显示，2017年来东北地区入围百强的县（市）不足 2%，黑龙江、吉林均无县（市）入围，而辽宁的入围排名普遍偏于中后，东北地区工业整体竞争力不强。激发和保护企业家精神，对东北地区实现创新驱动发展具有重要应用价值。

二、行政体制僵化

行政体制僵化抑制了东北地区企业家精神的发展。过于浓厚的长官意识、过多的市场命令，导致企业发展环境举步维艰，难以形成一个宽松的企业家成长环境。不恰当的政府干涉、不合适的产权保护、流于形式的保护文件、严苛的行政审批程序、"人治大于法治"的整体氛围，导致了企业家精神在东北的部分缺失。

寻租问题也同样值得思考。随着国家对贪腐问题的零容忍与严格执法，东北地区部分相关负责人受到处分。对于贪污腐败问题、企业行政体制僵化问题如不严格处理、及时处理，市场的合法秩序必然受到干扰，企业家精神作用的发挥自然会受到严重影响。

三、新市场主体培育问题

在国有企业掌控大量资源的情况下，民营企业等非公有制企业的新市场主体培育发展不充分，从而不利于企业家精神的激发和保护。东北地区作为计划经济体制实行最久最彻底的地区，导致具有垄断性质的国企在东北三省居于核心地位，从而造成产品结构单一，与之配套的民营中小型企业难以成为市场主体，导致东北地区产品普遍缺乏竞争力。东北地区基础条件与运行绩效均低于其他地区，发展方式仍需继续转变，需发挥企业家精神的作用。

四、人才流失的抑制作用

人才流失同样是东北地区企业家精神缺失的重要原因。新中国成立初期良好的工业基础与实业救国的浪潮，以及得天独厚的政策资源，吸引源源不断的人才来东北施展理想与抱负；近几年区域经济发展的不平衡导致人才东南飞，东北地区成为人口净迁出地。单一的以重工业和农业为主以及资源消耗型的经济发展模式，较低的区域经济发展水平及薪酬水平，导致东北地区对人才需求程度受限。人才流失不利于东北地区创新创业水平提升、不利于对外的经济交流，从而影响市场经济活力、企业家精神发展水平。

五、"铁饭碗"等思想文化的抑制作用

过去半个世纪的计划经济体制对东北地区市场活力的激发、思想观念上的改造，造成了群众基础下的企业家精神的严重匮乏。其中，"铁饭碗"思想、"官本位"、过分追求体制内工作等思想在东北地区尤甚，且成为东北三省就业取向的重要价值观念。过分追求"铁饭碗"的价值取向与社会文化，导致了人们锐意进取的创新创业能力的不足，从整体上不利于企业家精神环境的激发与培育，影响了人们对机会的敏锐察觉和对市场的不断开拓。

第4节 影响东北三省企业家精神发挥的因素分析

东北三省企业家精神发展的条件，既有着消极的因素，也蕴藏着积极的因素，以下将一一分析并进行评价。

一、东北三省企业家精神发展的不利因素

东北三省企业家精神发展面临着诸多困境。在企业外部影响企业家精神发展的要素中，存在较为沉重的信用约束和管制负担。东北地区历经计划经济体制时间最久，仍残存有"人治大于法治"的市场行为，东北地区"契约型社会"建构仍需不断加强；近年来东北地区总体宏观经济发展水平不佳、经济增速在全国趋于后半段；结构单一、国有企业占比过高导致经济发展内生活力与竞争力较低；政府基层管理者出现越位缺位、吃拿卡要等不规范行为；整体营商环境不佳，服务型政府仍需积极构建；地理位置相对而言较为偏远。

在企业内部影响企业家精神发展的要素中，激励机制的负向激励、人力资本的缺失、整体趋于保守的社会和企业文化，成为企业家精神发展的内部动力制约机制。在激励机制方面，东北地区科技成果转化成本较高、创新激励不强；近年来存在的知识产权侵犯事件对创业有着负向激励；空降高管、接管人事任命权的领导干部培养选拔任用考核机制也不利于企业家精神的培育；为绩效为声望务求稳定的企业发展心理与创业的高风险性相悖，成为激励机制中阻碍优秀企业家精神的激发因素。在人力资本方面，东北存在"孔

雀东南飞"的人才科研双流失现象，而创新创业教育体系的不完善成为阻碍企业家队伍培育的另一个重要原因；东北的"官本位""铁饭碗""学而优则仕"的社会文化与安于现状、因循守旧、不愿意承担不确定性与风险的企业文化，在一定程度上抑制了东北地区企业家精神，从而不利于区域经济绩效的提升。以上均是东北地区激发和保护企业家精神的消极因素，对企业家精神的发展起到抑制作用。

二、东北三省企业家精神发展的有利因素

在看到消极方面的同时，我们也要看到东北地区仍存在着企业家精神发展的积极方面。首先，东北地区具有雄厚的工业基础，有相对而言较为完善的工业体系。机器制造、汽车制造、石油加工制造、光学研究、医药、零部件加工等工业体系已初成规模，可以继续做大做优做强实体经济，延长产业链，在"中国制造 2025"中大放异彩，并不断结合"互联网+"的信息背景，为企业家精神作用的发挥提供动力支持。其次，东北地区有着为数众多的高校与科研单位，其中 985 高校 4 所，211 工程大学 11 所，具备校企联合、自主研发的文化软实力。其中大专以上高等教育人数占比均位于中国省级排名前半段，人均受教育程度较高，为东北地区创新创业环境提供了精神动力支持。最后，国家的政策为东北地区激发和保护企业家精神提供了外部动力支持。国家新一轮东北振兴战略已然开启，给予东北地区相关政策指导与支持。中央先后出台了关于老工业区搬迁改造、创新创业、新兴产业发展等相关文件，国家主席习近平多次到东北三省考察，提出要做好加减乘除，以增加企业发展的内生力与活力；李克强总理也在国务院振兴东北推进会议上提出，要振兴就要激发和保护当地企业家精神，并对东北地区经济发展做出战略部署。东北三省地方党和政府近年来也出台了很多振兴东北经济发展、促进企业活力创造力的文件，多部门联动以期进行"放管服"改革、整肃"吃拿卡要"的不良社会风气，进一步推行政企分离的决策，以不断促进东北地区企业家精神的发展。以上均为东北三省激发和保护企业家精神提供了良好的物质基础、人才基础与政策基础，成为企业家精神保护的动力支持。

第 4 章

营商环境调节下企业家精神与企业成长性关系研究

第1节 机理分析与研究假设

本章在借鉴国内外学者研究成果的基础上,深入探讨了营商环境、企业家精神和企业成长性之间的关系,并根据相关文献关系分析结论提出研究假设,最后提出企业家精神对企业成长性的影响机理模型。

一、企业家精神与企业成长性的关系分析

企业成长的每个阶段都应该有与之相匹配的企业家精神,企业内部拥有的独特资源和能力构造了企业的特定优势。在持续创业创新过程中,企业家不断更新自身能力,优化企业内部资源配置,借助内部优势资源不断调整企业发展战略、持续提升企业核心竞争力,依靠核心竞争力在更广阔的领域获取更多收益,为企业更新内部资源奠定基础,逐渐弱化动荡市场造成的不利影响,从而产生绩效优势,实现可持续发展[162]。但是,环境不确定性往往意味着行业中竞争激烈,企业的市场份额被其他竞争者相互蚕食,企业家需要密切关注竞争者的市场动向,以便于迅速应对其造成的不利影响。但是,企业家对市场反映信息把控存在一个从不准确到准确的动态过程,在这个过程中不断试错,以求信息的真实反映。

现代管家理论认为,企业管理者是企业的管家,目标与企业委托人一致。当面对环境的不确定性、复杂性和不断上升的风险时,从企业长远发展的角度积极应对环境的快速变化,进而履行对企业委托人的承诺;其次,当企业家受到外部环境和情绪影响时,为了获取新的信息,保证企业正常的生产经营活动,发挥企业家精神能够在不确定的环境中搜寻机会,打破经营现状,促使企业家对企业战略和结构方面做出调整,最终对企业成长产生影响。

（一）企业家创业精神与企业成长性的关系分析

企业家开展创业活动是对企业现有资源进行重塑结合，不断适应环境变化的过程[163]。在这个过程中，受外部环境的强烈冲击，企业家的个人价值观也随之发生变化，并且根据委托代理理论，企业面临的真实市场状况有可能为企业带来较大的风险承担，在风险规避视角下，环境的不确定性往往会加剧企业保守经营的理念。在竞争市场中，企业就会面临外部资源难以充分利用、内部资源难以有效发挥的窘境，进而影响到企业成长。此时企业家为获取市场有效资源，可能会为获取更多的创业资源而转向寻租，通过游说政府授权经营、寻租等方式获取大量的社会资源，使自身利益最大化[164]。但若是竞争对手恶意阻止企业获取该资源以及经营该产品的权利，转而以贿赂的方式垄断相关利益，这种做法就会极大地挫伤创业型企业家的创业积极性，进而使其开始规避创业失败的责任，企业的成长性也因此一落千丈[165]。另外，"缺陷有效说"的"内部控制抑制论"认为，企业内部控制制度在一定程度上会挤占企业的创业资源，不断恶化创业环境，消磨企业家的创业意愿，最终导致创业失败，进而丧失市场竞争优势，影响到企业当前的发展状态。

另外，女性创业者被认为是推动企业成长的主要组成部分，在创造就业、自我发展等方面发挥着重要作用，是推动经济发展的先导性因素。但是，面对复杂的政府政策和金融机构程序，其创业目标并不一定能够实现[166]。有研究表明，缺乏外部融资机会可能会抑制许多中小企业成长，尤其是女性控制的中小企业[167]。因为从本身的心理特征来讲，女性创业者需要更多地面临"家庭优先"抑或者"工作优先"的问题[168]。甚至有一些女性创业者在工作压力和诸多外在因素的负面影响下，刻意淡化自身在创业活动中所做的贡献[169]。因此，女性企业家在一些社会活动中仍旧处于劣势地位[170]。

但也有学者认为，企业家通常把注意力集中在传统商业上，运用各种现代策略，为市场上其他企业家（竞争者）树立标杆。他们利用最佳的创业技能为目标客户展示自己在市场中的存在价值，通过需要培育理念，实施各种市场策略，以促进自己的业务增长，以便长期实现可持续成长[171]。"创业容易守业难"，创业成功的企业该如何在竞争激烈的市场中存活下去，是创业型企业家下一步需要重点关注的问题。Miller认为，培养企业家创业精神需要从小企业着手，"船小好调头"的特性使得小企业更容易适应市场环境的变化[172]。但是，对于创业与不创业、是否再创业，不同性质、规模的企业在培养企业家创业精神时需要区别对待。当创业环境不够明朗时，企业家的心智模式就会主动纠偏企业家的非理性行为，企业家创业精神不断强化，渗入到企业经营活动的方方面面，具体表现为企业家在战略决策时具有冒险倾向，同时能够灵活适应激烈的市场竞争环境[173,174]，促使企业家重新审视自身的创业行为，转而寻求最优创业决策[175]。

本书认为，企业家进行创业活动能够创造就业，但是可能不足以促进企业成长。企业家创业精神迸发表现为企业产品趋于多元化或者是企业数量增加。相较于其他企业而言，企业进行创业活动能够迅速占领市场，帮助企业获取市场份额、稳定市场地位，企业家通过创业学习行为能够增强不对称情境下的市场感知能力，进而通过重新配置企业资源、识别市场机会，及时调整企业当前所处市场的经营策略，保持市场竞争地位，进而促进企业成长。但实现企业成长是一个持续动态的发展过程，随着企业不断成长，初期见效的企业家创业行为不再完全适用于成熟企业，一味地增强企业家创业精神可能会造成资源浪费。因此，提出如下假设：

H_1：企业家创业精神与企业成长性之间存在"倒U"型关系。

（二）企业家创新精神与企业成长性的关系分析

创新驱动是我国经济发展实现转型的关键节点，也是提升企业创新能力，实现可持续发展的重要因素[176]。创新使得企业在成长过程中提供的产品和服务是独一无二的，创新产生有别于其他企业的差异化有利于企业获得市场竞争优势，保持企业健康成长。资源依赖理论认为，企业最关心的话题是如何生存下去。这就需要企业不断从外部获取资源，尝试用新的整合策略重构资源配置方式[177]，在现有创新环境条件下快速行动，利用现有资源满足不同的创新机会。

"知识经济"伴随着我国经济转型发展悄然降临，对企业进行"知识管理"

以便于适应市场环境变化提出了新要求。"创新"作为企业家必备的素质和能力，通过对企业各种资源进行有效整合推动企业开展创新活动，进而促进企业成长。企业要想不断创造和维持市场竞争地位，就需要企业家不断地推动企业进行创新活动，从而形成推动企业成长的动力源。企业家的创新精神与技术革新密切相关，企业家为了增强市场竞争能力，不断投入大量资源、资金以保证技术革新的顺利实施。另外，有学者研究指出，企业家创新精神能够提升企业适应创新环境变化的能力，能够渗透在企业外部的动态竞争环境之中，长期维持企业的市场竞争优势，实现企业成长。

企业成长理论认为，早期的企业创新活动对企业发展存在不利影响，主要原因在于创新活动是一项长期持续的过程，介入初期需要企业消耗大量的储备资源，一旦面临其他竞争者进入市场，企业现有的市场份额就难以维持[178]。因此，较高的市场环境不确定性往往意味着行业中竞争较为激烈，企业的市场份额极易被其他竞争者相互蚕食，此时需要企业密切关注竞争者的市场动向，以便于迅速应对其造成的不利影响。尤其是在竞争激烈的国际市场上，技术环境在不确定性较高的情况下更会加剧企业保守经营的理念，进而影响企业成长。较低水平的创新投入难以形成有效的规模效应，仍旧限制在市场壁垒之外，此时开展创新活动就意味着站在了风险的边缘，一旦创新失败就会对企业带来致命打击，进而抑制企业成长[179, 180]。

市场经济条件下，企业进行生产经营活动所面临的环境是时刻变化、不可重复的，同质的市场竞争环境只会导致企业缺乏创新意愿，只通过简单的模仿来维持市场竞争地位，最终的结果是丧失原有的竞争优势，极大地遏制了企业成长。同时，环境的动态性意味着企业面临的真实市场状况有可能为企业带来较大的风险承担[181]。在风险规避视角下，研发周期长、风险高的投资项目极易被放弃。相反的是，企业为了应对技术环境不确定性，此时不再投入大精力去应对技术风险，而研发周期短、见效快的项目就会成为企业首选的"香饽饽"。

本书认为，企业家勇于创新、敢于打破常规的精神能够促使企业不断积累适应动态环境的能力，培养企业可持续竞争能力，进而促进企业成长。但是，当企业发展到一定阶段之后，受企业内外部诸多因素的影响，企业家创新精神发挥的积极作用带来的优势不足以支撑企业现阶段的发展趋势，此时企业家创新精神与企业成长间的关系将会出现阈值，阈值的出现致使企业家创新精神与企业成长性二者呈现曲线关系。因此，提出如下假设：

H_2：企业家创新精神与企业成长性之间存在"倒 U"型关系。

二、营商环境的调节作用

根据产业组织理论，作为解决我国经济社会转型发展瓶颈精准发力的重要依托，营商环境对企业家精神与企业成长关系的影响遵循着推动我国经济转型发展的一般观点。诸多学者研究表明，企业家精神与企业成长的关系会受到外部营商环境的影响，良好的营商环境有利于加速构建"共建共享"多元合作机制，推动企业成长[182, 183]。

"大众创新、万众创业"战略的持续推进为企业开展创新活动提供重要的外部条件，但是仅靠外部政府提供条件推动企业持续创新是不够的，还需要企业内部不断正视自身现有的发展条件，规划好未来的发展战略，建立完善的企业管理制度，优化企业创新创业环境，增强企业对短期失败和风险的承担能力，进而实现自身发展与战略规划的双平衡。在此过程中，企业应当重点关注影响企业实施创新发展的不利影响，及时纠正企业中存在的经营缺陷，寻求市场竞争和规模经济之间有效、合理的均衡，进而获得最大的生产效率，使之保持发展活力。

（一）营商环境对企业家创业精神与企业成长性关系的调节作用

企业家精神溢出理论认为，企业家不仅可以作为知识溢出的媒介，还可以作为企业通过创新活动进行资源分配，进而提高企业绩效的媒介。一方面，创业知识溢出理论将当代的创业理论与企业成长和战略理论结合在一起，对实现企业可持续发展具有重要意义[184]。另一方面，决策制定背景能够影响到企业家精神的发挥程度，有利于处在良性竞争环境中的企业家从中发现创业机会，激发创业者的积极性，对企业家开展创业活动起到一定的催化作用[185,186]。换言之，如果有更好的营商环境，企业开展创业活动时才会产生 1+1＞2 的效果，对实体经济发展的促进作用也更强。

制度理论认为，营商环境可以通过构建公平、公正、合理的发展平台，促进企业家精神的培养[187]。其内在机制是，良好的营商环境使得非生产性企业家的寻租成本不断增加，迫使企业家从非生产性行为转向生产性行为，从而达到促进实体经济增长的目的[188]。这一现象在营商环境水平较高、创业氛围较浓厚的国家更为明显，说明拥有高水平的营商环境是培育企业家创业精神、促进企业家开展创业活动的重要条件。

因此，本书认为持续优化营商环境，有利于打造公平、公正的市场竞争环境，企业家能够对此进行自我调节、主动适应，保持企业内外部资源合理使用以及相对平衡，不断提高企业在市场竞争中生存和发展的能力，激发创业热情，降低社会成本，从而提高生产性创业，推动企业高质量成长[189]。据此提出如下假设：

H₃：营商环境正向调节企业家创业精神与企业成长性之间的 U 型关系。

（二）营商环境对企业家创新精神与企业成长性关系的调节作用

在动态变化的营商环境中，创新往往伴随着高风险性，尤其是企业处在极为动荡的市场环境当中时，风险系数进一步增加。营商环境不仅是企业顺利进行生产经营活动、实现企业高质量成长的保证，还能带动当地经济的发展。营商环境的改善对不同类型的企业家存在不同的影响，说明营商环境对企业家精神的培养起着选择性的作用[190]。一方面，营商环境质量越好，企业进行创新活动的出产率就越高，各类社会资源的利用率也就会越高。另一方面，优化营商环境可以提供可靠的环境保障、公平公正的交易规则，企业用于非生产性的寻租活动就会转移到正常的生产性活动中来，在增强企业家进行创新意愿的同时促进企业成长。

有学者提出，营商环境一方面影响着企业家精神配置，另一方面却显著提升了企业家精神的发挥程度，最终都会在企业的创新能力上体现出来[191]。当营商环境不甚明朗时，企业采用模仿创新策略，是保证市场竞争地位安全的最好形式[192]。企业家不要拘泥于创新与模仿创新的界定问题，只需认清实施模仿创新策略的现实条件和优势即可，模仿创新不仅是一种常用的创造市场竞争力的策略，也是许多企业成功的基础。模仿创新、技术扩散、创造性模仿应被平等地视为创新，作为另一种发展战略，只是不同的战略实施形式而已。相比较而言，模仿创新需要承担的风险较小、市场准入范围较广、风险和成本较低，在一定程度上能够使企业迅速成长[193]。

本书认为，持续优化区域营商环境，有利于保持企业内外部激发市场竞争活力，有利于培育企业家创新精神，助力实体企业进行技术创新，促进实体产业发展。基于以上分析，提出以下假设：

H_4：营商环境正向调节企业家创新精神与企业成长性之间的 U 型关系。

综上所述，构建如图4-1所示的机理研究模型。

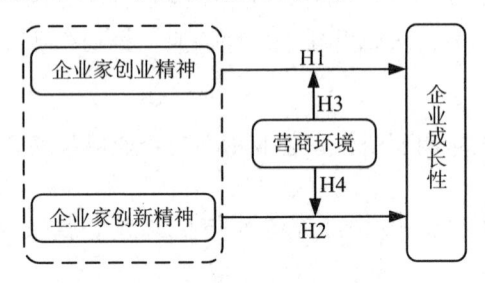

图4-1 企业家精神对企业成长的影响机理模型

本节主要分析了企业家创业精神和创新精神对企业成长性的影响机理，分别探讨了企业家创业精神、创新精神与企业成长性之间的非线性作用关系，以及营商环境在企业家创业精神、创新精神与企业成长性关系中的调节作用，并依据理论分析提出相应的研究假设，同时构建了概念研究模型，对后文实证研究提供理论依据。

第2节 研究设计

本节研究主要是对上一章构建的企业家精神对企业成长的影响机理模型进行实证分析，并依据实证结果分析变量间的作用关系。

一、样本选择与数据来源

本书在粤港澳大湾区研究院公布营商环境区域内的上市企业中，选取2017—2020年1549家沪深A股上市企业为研究对象，并对样本做出如下筛选：（1）剔除样本期内数值缺失较多的企业；（2）剔除财务问题较大的企业，如 *ST、ST 以及资产负债率大于100%的企业；最终得到平衡面板数据共6196个观测点。文中涉及的财务数据来源于万德数据库（Wind），专利数据来源于国泰安数据库（CSMAR）。

二、变量选取

1. 被解释变量

企业成长性（Growth）。虽然国内外学者对企业成长的关注是多元化的，但其实质仍然是关注企业能否实现长期发展，提升企业价值，这不仅丰富了企业成长的研究内容，而且从不同方面提出了许多衡量指标，如托宾Q、总资产增长率、销售收入增长率和净利润增长率。结合上文分析，本书认为最能够体现企业成长性的因素是企业所获利润的多寡。梳理相关文献发现，学术界对企业成长性衡量的方式主要有两种。第一种是以财务类指标衡量的单一指标法，如主营业务收入增长率[194, 195]、每股收益增长率[196]、净利润增长率[197]；第二种是综合指标法[198-199]，即整合多个能够体现成长性的财务指标，用某种分析方法计算出一个综合指数。

因此，本书借鉴李海霞[200]和谢赤[201]等学者的研究，选取企业财务四大能力方面的相关指标，运用综合指标的方法衡量企业成长性。主要是运用因子分析降维的思想，对上述9个因子构造主成分并提取主要信息，最后以计算出的因子总得分来衡量企业成长性。利用STATA 16软件计算得出KMO=0.6608，因此判断适合因子分析。经旋转后以特征根大于1的标准选取主成分；以上9个因子经上述步骤后，得出两个主成分，累计方差贡献率达88.53%，能够体现大部分信息；然后再根据得出的主成分所占比重计算因子总得分，即本书的企业成长性。指标选取如表4-1所示。

表4-1 企业成长性指标

一级指标	二级指标	指标代码	指标度量
盈利能力	总资产收益率	X_1	净利润/总资产
	净资产收益率	X_2	净利润/净资产
营运能力	总资产周转率	X_3	营业收入/资产总额
	应收账款周转率	X_4	营业收入/应收账款
偿债能力	流动比率	X_5	流动资产/流动负债
	速动比率	X_6	（流动资产−存货）/流动负债
	现金比率	X_7	现金及现金等价物/流动负债
发展能力	总资产增长率	X_8	（期末总资产−期初总资产）/期初总资产
	净资产增长率	X_9	（期末净资产−期初净资产）/期初净资产

2. 解释变量

企业家精神。鉴于企业家精神的丰富内涵，国内外学者尚未形成统一的度量口径，就现有文献来看，学术界对企业家精神的度量主要体现在两个方面，一是运用第三方机构的数据或者设计综合指标测算；二是以私营企业雇佣率、企业数量以及企业所有权比率等指标衡量。由于本书将企业家精神界定为企业家创业精神（CY）和企业家创新精神（CX），于是借鉴袁晓玲等和李政[202]等学者的研究，以销售费用占营业收入之比衡量企业家创业精神，以专利申请数衡量企业家创新精神。

3. 调节变量

营商环境（BE）。粤港澳大亚湾研究院公布的基于中国本土情况的35个大中型城市（包括直辖市、副省级以及省会城市）营商环境调查报告，更加符合中国企业所处的经营环境。该研究成果从软环境、市场环境、基础设施环境、社会服务环境、商务成本环境以及生态环境等六个维度构建了我国城市营商环境指标评价体系，数据来源于环境公报、各城市统计公报，以及各市统计局、工商局、交通局等部门，通过无量纲化方式计算，具有一定的参考价值。基于这一研究成果，以城市匹配的方法获得处于营商环境调查公布区域内的企业，并以此作为企业营商环境的衡量指标。

4. 控制变量

在考虑影响企业家精神和营商环境这两个关键变量的因素之外，结合相关理论和借鉴已有研究成果，选取资产负债率、资产报酬率、营运效率、同行业竞争者数量、企业规模、现金流量、董事会规模以及是否国际化经营等指标作为控制变量。同时，控制了省份、行业及年份的影响。具体的变量定义见表4-2。

表4-2 变量定义

变量名称	变量符号	变量定义	衡量方法
被解释变量	Growth	企业成长性	因子分析法综合计算
解释变量	CY	企业家创业精神	销售费用/营业总收入
	CX	企业家创新精神	专利申请数
调节变量	BE	营商环境	中国城市营商环境评价
	ROA	资产报酬率	利润总额/资产总额（%）
	Size	企业规模	企业总资产取对数
	BOD	董事会规模	董事人数加1取对数
	IO	国际化经营	国际化经营取值为1，否为0
	Year	年份	年度虚拟变量

（1）资产报酬率（ROA）。资产报酬率是一个企业短期获利能力的最直接体现，对企业提高收益水平，是否再次进行创新创业活动密切相关。

（2）企业规模（Size）。企业规模的大小在很大程度上对企业成长有重要影响，缺陷理论认为，小企业资本结构简单，承担风险的能力不强，受资源、市场竞争环境等因素的影响，很难实现企业快速成长。

（3）董事会规模（BOD）。合理、有效的董事会结构能够起到最优监督职能，有助于实现企业内部资源多样化，为企业家调整战略目标提供关键信息，进而实现企业成长。

（4）国际化经营（IO）。随着经济全球化、市场化水平不断深化，中国企业走出国门跨国经营，为我国经济发展作出了巨大贡献。但随着国际贸易摩擦等不利因素的影响，走出去的中国企业不仅要面对国内市场竞争，还要面临国际市场"去中国化"现象的影响,如何实现跨国企业可持续发展成为我国企业走出国门经营的一大难题。借鉴武志勇、马永红学者的研究,将有海外业务收入的企业定义为国际化经营企业[203]。

三、模型构建

为考察企业家精神与企业成长性之间的关系建立模型1:

$$Growth_{i,t} = \alpha_0 + \beta_1 E_{i,t} + \beta_2 E_{i,t}^2 + \beta_3 \sum Controls_{i,t} + \varepsilon_{i,t} \quad (式4-1)$$

为验证营商环境对企业家精神与企业成长性之间关系的调节作用,建立模型2:

$$Growth_{i,t} = \alpha_0 + \beta_1 E_{i,t} + \beta_2 E_{i,t}^2 + \beta_3 E_{i,t} \times BE_{i,t} + \beta_4 E_{i,t}^2 \times BE_{i,t} \\ + \beta_5 BE_{i,t} + \beta_6 \sum Controls_{i,t} + \varepsilon_{i,t} \quad (式4-2)$$

其中下标(i, t)代表企业和年份,E为企业家精神,E^2为企业家精神的平方项;在研究过程中分为企业家创业精神(CY)和企业家创新精神(CX),$Controls$为一组控制变量,ε为随机误差项。为检验营商环境对企业家精神与企业成长性之间关系的调节作用,在模型2中加入了企业家精神一次项和二次项与营商环境的乘积项。

在给定α=0.05的情况下,BP检验和$White$检验的卡方统计量p值为0.000<0.05。否定了原模型不存在异方差的假设,说明模型具有异方差性。为了消除异方差的影响,使回归结果更加准确,采用广义最小二乘法对上述模型进行回归。

第3节 实证分析

一、描述性统计

各相关变量的描述性统计结果如表4-3所示。Growth的标准差为0.451,说明不同企业之间成长性存在差距;其值介于-1.286~2.209之间,均值和中

位数依次为 –0.007，说明现阶段大部分企业的成长能力一般。企业家创业精神（CY）的标准差为9.386，说明企业家创业精神基本具有较大差距，但是其值在 0～48.179 的区间内，说明样本企业的企业家创业精神还是存在一定的差异；企业家创新精神（CX）值在 0～6493 之间波动，标准差为405.159，说明各企业在企业家创新精神方面存在非常大且明显的差异，由样本企业中企业家精神的差异程度可见，样本企业差异较大；营商环境（BE）值在 0.237～0.658 之间波动，标准差为0.106，说明大部分企业所处区域营商环境趋于一致，但从极值来看，样本企业所处区域的营商环境依旧存在较大差异，亟待持续优化良好的营商环境。

控制变量中，资产报酬率（ROA）的标准差较大，且最大值与最小值相差较大，说明不同企业之间存在较大差距。在董事会规模方面，企业稳定在3～18人之间。

表4-3 变量描述性统计

Variables	Obs	Mean	Std. Dev.	Min	Max
Growth	6196	–0.007	0.451	–1.286	2.029
CY	6196	8.08	9.386	0	48.179
CX	6196	103.267	405.159	0	6493
BE	6196	0.49	0.106	0.237	0.658
ROA	6196	4.644	8.445	–78.934	82.087
Size	6196	22.589	1.425	17.545	28.636
BOD	6196	8.53	1.719	3	18
IO	6196	0.568	0.495	0	1

二、相关性分析

本研究还对各变量进行了 Pearson 相关系数检验，结果如表4-4所示。企业家创业精神与企业成长性显著正相关，而企业家创新精神与企业成长性显著负相关，营商环境与企业成长性在1%的水平上显著为正。从控制变量来看，所有的控制变量均在1%的水平上与企业成长性显著相关，表明控制变量的选择具有一定的合理性。各主要变量的相关系数均小于0.5，方差膨胀因子（VIF）检验值均小于2，说明各变量间不存在严重的多重共线性问题。

表4-4 变量间 Pearson 相关系数

Variables	Growth	CY	CX	BE	ROA	Size	BOD	IO	VIF
Growth	1.000								1.26
CY	0.120***	1.000							1.10
CX	−0.044***	−0.065***	1.000						1.32
BE	0.078***	0.008	0.052***	1.000					1.01
ROA	−0.555***	−0.274***	0.138***	−0.061***	1.000				1.08
Size	0.607***	0.007	0.022*	0.038***	−0.175***	1.000			1.69
BOD	−0.182***	−0.237***	0.368***	0.025*	0.523***	0.079***	1.000		1.09
IO	−0.061***	−0.076***	0.062***	−0.045***	0.142***	0.015	0.273***	1.000	1.20

三、回归分析

1. 回归结果

以企业成长性为被解释变量，对模型1进行回归分析，检验企业家精神对企业成长性的影响，特别是探讨营商环境对企业家精神和企业成长性之间关系的调节效应。表4-5中（1）~（2）列是企业家精神对企业成长性的回归结果。由表可知，企业家创业精神（CY）一次项与企业成长性（Growth）的回归系数为0.006***，在1%的水平上显著，说明企业家创业精神对企业成长性存在促进作用，其原因可能是当企业进入一个新的市场时，企业家创业精神所带来的积极效应，能够让企业快速进入并打开市场，最终达到在市场立足的目标；企业家创新精神（CX）一次项与企业成长性（Growth）在1%的水平上显著正相关，与企业家创业精神相一致。这与 Xie 和 Zhang[204]、Yeganegi 及孙早和刘李华等学者的观点一致，企业家精神能够促使企业实现成长。同时可以看出，企业家精神与企业成长性之间并非简单的线性关系。表4-5列（1）显示，企业家创业精神（CY^2）平方项与企业成长性的回归系数显著为正（P<0.01），说明企业家创业精神与企业成长性之间存在先升后降的"倒 U"型关系。原因是企业家精神发挥促使企业不断积累适应动态环境的能力，培养

企业可持续竞争能力。但是，当企业发展到一定阶段之后，受企业内外部诸多因素的影响，企业家精神发挥带来的优势不足以支撑企业现阶段的发展趋势，最终促使企业家对企业发展战略和结构方面做出一定程度调整，进而对企业实现可持续成长产生重要影响。

表4-5 营商环境、企业家精神与企业成长性的回归结果

Variables	（1）Growth	（2）Growth	（3）Growth	（4）Growth
CY	0.006***	0.009***		
	（12.946）	（4.635）		
CY^2	−0.000***	−0.000***		
	（−6.989）	（−4.340）		
BE		0.165***		0.177***
		（8.550）		（12.736）
CX			0.000***	0.000***
			（8.625）	（4.199）
CX^2			−0.000***	−0.000***
			（−4.188）	（−4.106）
BE×CY		−0.008*		
		（−1.930）		
BE×CY^2		0.000***		
		（2.901）		
BE×CX				−0.000**
				（−2.514）
BE×CX^2				0.000***
				（3.317）
ROA	−0.054***	−0.054***	−0.063***	−0.063***
	（−65.873）	（−61.497）	（−63.085）	（−64.362）
Size	0.033***	0.033***	0.033***	0.033***
	（151.740）	（148.533）	（152.050）	（148.157）
BOD	−0.004***	−0.003***	−0.004***	−0.004***
	（−5.764）	（−4.673）	（−6.141）	（−5.528）

续 表

Variables	(1) Growth	(2) Growth	(3) Growth	(4) Growth
IO	−0.002	−0.000	−0.006**	−0.006**
	(−1.004)	(−0.181)	(−2.508)	(−2.296)
_cons	1.060***	0.955***	1.285***	1.188***
	(53.572)	(35.407)	(57.064)	(51.137)
Year	Yes	Yes	Yes	Yes
N	6196	6196	6196	6196
Wald	30589.24***	28998.78***	28766.63***	27899.12***

注：括号内为 z 统计值；***、**、* 分别表示在 1%、5%、10% 水平上显著

运用 Utest 检验计算得出，企业家创业精神（CY）达到约 32.194 时，企业成长性（Growth）达到最低值，结合 CY 的描述性统计结果可知，当企业成长性位于最低值时，CY 的临界值位于 [0, 48.179] 之间，计算结果充分显示出 CY 与 Growth 存在 U 型关系，并非是统计上的显著。进一步由列（3）得知，企业家创新精神（CX^2）的平方项对企业成长性的回归系数显著为负，因此企业家创新精神与企业成长性之间存在"倒 U"型关系。同理，运用 Utest 检验方法进一步检验企业家创新精神（CX）与 Growth 的 U 型关系，检验结果支持了回归结果。因此，假设 H_1 和 H_2 得到验证。即企业家创业精神与企业成长性呈现除先升后降的"倒 U"型关系，企业家创新精神与企业成长性也呈现出先升后降的"倒 U"型关系。

表 4-5 列（2）和（4）是营商环境对企业家精神和企业成长性之间关系的调节作用的回归检验结果（模型2）。值得关注的重点是：营商环境与企业家精神平方项的乘积项的回归结果显著为正（2.901，$P<0.01$；3.317，$P<0.01$）。分别取营商环境处于较低、较高水平时，检验营商环境对企业家精神与企业成长性关系的调节作用。

为进一步验证营商环境（BE）的调节作用是否成立，本书从曲线的形态和拐点两个角度出发，深入探讨其作用机理。以企业家创业精神（CY）为例，假设回归方程为：

$$Growth_{i,t} = \alpha_0 + \beta_1 ECY_{i,t} + \beta_2 ECY_{i,t}^2 + \beta_3 ECY_{i,t} \times BE_{i,t} \\ + \beta_4 ECY_{i,t}^2 \times BE_{i,t} + \beta_5 BE_{i,t}$$ （式4-3）

令 CY 的一阶导数为0，因此得出拐点为：

$$ECY_{i,t}^* = \frac{-\beta_1 - \beta_3 BE_{i,t}}{2\beta_2 + 2\beta_4 BE_{i,t}}$$ （式4-4）

在此假设 $BE_2 < BE_1$，当调节变量为 BE_1 时，其拐点为：

$$ECY_{(i,t)1}^* = \frac{-\beta_1 - \beta_3 BE_{(i,t)1}}{2\beta_2 + 2\beta_4 BE_{(i,t)1}}$$ （式4-5）

当调节变量为 BE_2 时，其拐点为：

$$ECY_{(i,t)2}^* = \frac{-\beta_1 - \beta_3 BE_{(i,t)2}}{2\beta_2 + 2\beta_4 BE_{(i,t)2}}$$ （式4-6）

进一步地，取两个拐点左边等距离 m（$m<0$）处，假定 M_1 为 CY_1^*+m 处的斜率：

$$M_1 = \beta_1 + 2\beta_2(ECY_{(i,t)1}^* + m) + \beta_3 BE_{(i,t)1} + 2\beta_4(ECY_{(i,t)1}^* + m) \times BE_{(i,t)1}$$ （式4-7）

假定 M_2 为 CY_2^*+m 处的斜率：

$$M_2 = \beta_1 + 2\beta_2(ECY_{(i,t)2}^* + m) + \beta_3 BE_{(i,t)2} + 2\beta_4(ECY_{(i,t)2}^* + m) \times BE_{(i,t)2}$$ （式4-8）

如果 $M_2 > M_1$，则说明加入调节变量 BE 以后曲线形态变得更加陡峭，否则曲线将变得更为平缓。若将 m 移动至拐点右侧，结论同样如此。

为了能够更加直观的看出计算结果，以式（4-8）减式（4-7），结果如下：

$$M_2 - M_1 = 2\beta_2(ECY_{(i,t)2}^* - ECY_{(i,t)1}^*) + \beta_3(BE_{(i,t)2} - BE_{(i,t)1}) + \\ 2\beta_4[(ECY_{(i,t)2}^* + m) \times BE_{(i,t)2} - (ECY_{(i,t)1}^* + m) \times BE_{(i,t)1}]$$ （式4-9）

将式（4.5）与式（4.6）带入式（4.9），整理得：

$$M_2 - M_1 = 2\beta_4(BE_{(i,t)2} - BE_{(i,t)1}) \times m$$ （式4-10）

基于上述分析可知，$BE_2 < BE_1$，且 $m<0$，此时曲线形态的变化取决于 β_4 的正负变化。若 β_4 为显著为正，则曲线形态变得陡峭；若为负，曲线形态则变得更为平缓。结合表4-5中列（2）结果可知，模型2中的 $\beta_4 > 0$，且在1%的水平上显著，则表明曲线形态变得更为陡峭。同理，将企业家创新精神（CX）以此方法检验后，也能够得出相应的结论。

随着我国经济不断发展，政府持续引进外资，助力中国企业"走出去"参与国际竞争，我国部分企业也积极响应政策号召，走出国门甚至不惜高负债经营，但我国企业在国际化经营过程中遇到如金融市场不健全、资本市场不发达造成企业融资难、融资成本高等一系列突出问题，使得跨国经营企业难以保持国内配置资源的优势，导致企业营运效率低下，资金周转不足或是资金链断裂，以至于走出国门的中国企业处于保本经营或亏损状态。

中国企业走出国门参与国际市场竞争对我国企业和经济发展所带来的正面效应是毋庸置疑的，是我国国际竞争力持续增强的重要标志。但政府对外资企业普惠式[205]的"超国民优惠政策"是以牺牲一部分国家财政收入为前提的，使得负效应也日益突出，给我国经济的可持续发展带来极大的危害，在一定程度上也损害了本国企业的利益。由此可见，中国企业跨国经营风险始终贯穿于企业海外生产经营的全过程当中，企业如何有效利用政府保护力量，适应东道国的竞争环境对其生存显得至关重要。

四、稳健性检验

为检验实证结论的可靠性，本书采用缩减样本进行稳健性检验。由于2017年9月25日，中共中央国务院出台了《关于营造企业家健康成长环境弘扬优秀企业家精神更好地发挥企业家作用的意见》，第一次以政策性文件明确了企业家的重要性及企业家精神的重要价值和地位，故对样本数据的年份进行缩减，去除2017年后的样本数据进行回归。缩减样本后的回归结果如表4-6所示。由表4-6中数据可知，回归结果及显著性与上文都无太大差异，故表明上述回归结果具有稳健性。

表4-6 缩减样本之回归结果

Variables	（1）Growth	（2）Growth	（3）Growth	（4）Growth
CY	0.005***	0.011***		
	（12.579）	（5.856）		

续 表

Variables	(1) Growth	(2) Growth	(3) Growth	(4) Growth
CY^2	−0.000***	−0.000***		
	(−5.201)	(−5.921)		
		0.180***		0.182***
		(10.560)		(15.819)
CX			0.000***	0.000***
			(10.269)	(4.060)
CX^2			−0.000***	−0.000***
			(−5.070)	(−4.098)
BE×CY		−0.013***		
		(−3.327)		
BE×CY^2		0.001***		
		(4.836)		
BE×CX				−0.000**
				(−2.081)
BE×CX^2				0.000***
				(3.220)
ROA	−0.056***	−0.057***	−0.064***	−0.064***
	(−75.769)	(−73.904)	(−69.730)	(−72.019)
Size	0.033***	0.033***	0.033***	0.033***
	(150.642)	(150.046)	(157.552)	(151.290)
BOD	−0.001**	−0.001	−0.002***	−0.002***
	(−2.320)	(−0.849)	(−3.356)	(−3.044)
IO	−0.005**	−0.002	−0.014***	−0.012***
	(−2.388)	(−0.793)	(−5.938)	(−5.243)
_cons	1.040***	0.968***	1.275***	1.193***
	(60.481)	(41.998)	(62.736)	(58.618)
Industry	Yes	Yes	Yes	Yes
N	4,647	4,647	4,647	4,647
Wald	32487.186***	32128.38***	31860.37***	29702.55***

注：括号内为 z 统计值；***、**、* 分别表示在 1%、5%、10% 水平上显著

五、实证分析结论

本章主要从实证角度检验了营商环境、企业家精神与企业成长性的关系。首先,描述了样本企业营商环境、企业家精神以及企业成长性方面的情况;其次,实证分析了企业家精神与企业成长性的作用关系,以及营商环境的调节作用。分析发现,企业家创业精神与企业成长性之间为 U 型曲线关系,创新精神与企业成长性之间为"倒 U"型曲线关系,营商环境正向调节企业家精神与企业成长性之间的曲线关系,使得曲线形态更为陡峭;最后运用缩减样本的方法进行稳健性检验。总体来说,政府持续优化营商环境,激发和保护企业家精神的动因得以验证。本章研究是全文的重点,为下文提出意见建议提供了实证依据。

第 5 章

营商环境调节下企业风险承担与企业绩效的关系研究

近年来，我国企业不断受到国内外风险挑战的冲击，严重影响着企业发展。未来充满不确定性，企业想要获取利润和价值，企业家就必须把握这个不确定的机会，积极承担风险，持续消耗企业大量资源为未来不确定的收益提前"买单"。企业作为我国经济平稳发展的重要载体，对宏观经济的运行轨迹更为敏感，更容易转变对待风险承担的态度[206]，基于理性或非理性的动机主动承担风险，最终目的都是建立竞争优势、开拓新市场、获得利润和提升企业绩效。它可以承担风险，但讨厌不确定性，尤其是外部营商环境的不确定性致使大部分投资者处于观望状态，倾向于减少风险性投资。企业经营过程中规避风险的一个必要条件是处于良好透明且公平公正的营商环境之中，这对企业规避市场进入风险、竞争风险、投融资风险等方面具有重要意义。

营商环境作为企业生产经营活动中必须面临的外部环境，是市场主体赖以生存和发展的土壤，为企业发展创造了基本条件。营商环境的质量高低为市场经济可持续增长和长期竞争力提供基本的先决条件，持续优化营商环境就是厚培企业高质量发展的经营环境，增强企业风险承担能力。因此，企业积极承担风险能够被市场识别，同时风险投资能够增加企业资本积累，促使企业持续增加研发投入，不断提高企业生产率，进而增强企业核心竞争力，提升企业绩效，为企业提供持续发展的动力。梳理相关文献发现，学术界鲜有从营商环境的角度出发，研究风险承担与企业绩效的关系。因此，优化营商环境是否可以明显影响风险承担与企业绩效二者之间的关系值得研究。

本书将营商环境、风险承担以及企业绩效纳入同一个分析框架，通过实证分析厘清三者之间的内在联系。贡献在于：①现有关于企业绩效受风险承担影响的研究较多，但是大部分学者实证得出风险承担与绩效呈正相关。本书实证得出，风险承担与企业绩效呈显著负相关，只有当企业风险承担水平达到一个较高水平时，风险承担才会对企业绩效产生正向影响，该结论扩展了风险承担与企业绩效关系研究的相关理论成果。②关于营商环境对风险承担与企业绩效二者之间关系的影响研究较少，本研究实证结论为，营商环境在风险承担与企业绩效的关系中具有显著的正向调节作用，且存在三重门槛。基于营商环境三重门槛条件下，营商环境持续优化带来的结果是持续增强企业承担风险能力，进而提升企业绩效。研究结论丰富了我国大中型城市营商环境差异下风险承担对企业绩效影响的研究内容。

第1节 理论分析与研究假设

一、风险承担与企业绩效

风险承担是推动企业技术革新与产业升级、保持企业持续成长的源动力，企业风险承担意识越强，公司运行效率越高。高风险承担水平的企业倾向于大胆果断地开展风险活动获得高利益，以此驱动企业绩效的提升。尽管承担高风险能带来超额利润，却同时也将企业置于险境。在战略决策制定过程中，高风险承担企业更易在未了解全貌的情况下草率做出决定，导致决策质量无法保证，风险活动失败几率增加，企业经营陷入危机[207]。虽然承担风险会将企业置于险境，但没有任何企业的成功是不承担风险的[208]。缺乏风险意识的企业，在机会的识别与利用方面会更迟缓，会因难以适应环境变化而被市场淘汰[209]。在现代企业的经营权和所有权大多是分离的现实背景下，委托代理理论被提出，出于对自身职业生涯、声誉的考虑，管理者会放弃一些风险高但预期净现值大于0的项目[210, 211]，管理者的这种风险逃避心理，看似按部就班不容易出错，事实上却是弱化了企业的风险承担能力，不利于提升企业绩效。本书认为，企业收益与风险密切相关，风险承担是取得绩效的根本前提、是提升企业价值的必经之路、是促进经济增长的持续动力。对此，提出以下假设：

H_1：企业风险承担能力对企业绩效的提升具有积极作用。

二、营商环境的调节机制

以上研究成果丰富了我们对风险承担与企业绩效关系的认识，但上述关于风险承担与企业绩效的关系研究中，尚未考虑营商环境下的企业风险承担能力，即在当前经济转型升级背景下持续优化营商环境可能存在的差异。关于营商环境所产生的经济后果，已有相关研究表明，持续优化营商环境能有效增强企业风险承担能力，提高企业盈利能力和促进企业成长。愿意承担高风险投资行为的管理者拥有整合优势资源、识别市场机会的能力，以极强的前瞻性增强对未来环境的认知，从中发现适合企业的投资机会，积极采取措施应对项目投资风险，以促进企业成长，进而获得高额收益。

但是，营商环境的不确定性大大降低了企业决策者的决策速度，致使企业需要花费更多的精力去调整自身产品，以求与客户需求、市场发展趋势相匹配，使得企业更依赖于整合现有资源来支持自身决策。相较于外部环境不甚明朗的地区，处于营商环境较为完善地区的企业，所面临的市场竞争更为公平，此时企业承担风险的意愿也更为强烈。良好的营商环境能够推进市场平稳有序发展，使得市场前景更为明朗、开放，各市场主体可能会更倾向于高获利目标，并做好承担高风险的准备[212]，不断推陈出新，积极开拓新的市场，不断扩大市场竞争优势，促进企业可持续发展。因此，受营商环境发展趋势影响，风险承担对企业绩效的影响关系可能不仅仅是线性关系，而是二者之间存在非线性关系。因此，提出如下假设：

H_2：风险承担对企业绩效的促进效应会随着营商环境的不断优化而呈现非线性变化趋势。

第2节　研究设计

一、样本选择与数据来源

以粤港澳大湾区研究院调查公布的35个大中型城市营商环境数据作为切

入点，限于营商环境数据获得限制，选取2017—2020年我国沪深上市的A股企业为研究对象，在剔除金融类上市企业、ST、*ST以及样本缺失较多的企业后，最终获得2252家9008个观测样本。为消除样本数据极端值对回归结果产生的较大影响，在1%的双向水平上对部分样本数据进行缩尾处理，数据来源于Wind数据库。

二、变量选取

1. 企业绩效（ROE）

以净资产收益率（ROE）作为企业绩效的衡量指标。梳理相关文献发现，多数学者在研究过程中选取总资产净利率（ROA）和净资产收益率（ROE）作为企业绩效的衡量指标。因此，参考已有文献的相关做法，选取净资产收益率作为企业绩效的代理指标。

2. 风险承担（Risk）

企业在股票市场上的收益波动性[213]、一段时期内存活的概率[214]以及企业盈利波动性[215]等指标均能够在一定程度上衡量企业风险承担，但是以企业盈利波动性计算企业风险的方式在学术界得到广泛应用。因此，参考余明桂、李文贵等学者的做法，采用企业盈利（ROA）的波动性计算风险承担水平。计算企业盈利波动性时，首先计算同年度经过行业均值调整后的企业盈利值，然后以企业每一年的ROA减去调整值（如式5-1所示），最后再计算企业观测样本期内经行业调整后的标准差（式5-2）。式中i代表样本企业，y代表企业所处年份，N代表处于同一个行业内的企业总数量，k代表观测期内某同一行业内的第k家企业，T代表观测周期，取值为3。

$$Adj\_ROA_{iy} = \frac{EBITDA_{iy}}{ASSETS_{iy}} - \frac{1}{N_y}\sum_{k=1}^{N}\frac{EBITDA_{ky}}{ASSETS_{ky}} \qquad （式5-1）$$

$$Risk_i = \sqrt{\frac{1}{T-1}\sum_{t=1}^{T}\left(Adj\_ROA_{iy} - \frac{1}{T}\sum_{t=1}^{T}Adj\_ROA_{iy}\right)^2} \qquad （式5-2）$$

3. 营商环境（BE）

目前学术界对营商环境的衡量方式主要有以下几种。一是借助世界银行的研究成果，二是以樊纲等人编制的"市场化指数"替代，三是学者借助外部研究成果自行构建"营商环境"指标体系进行测量[216]，四是采用粤港澳大湾区研究院的研究成果。由于近年来我国营商环境发展变化较快，粤港澳大湾区研究院公布的基于中国本土情况的35个大中型城市营商环境调查数据，更加符合中国企业当前所处的经营环境。基于这一研究成果，以城市匹配的方法获得处于营商环境调查公布区域内的企业，并以此作为企业所处区域营商环境的衡量指标。

4. 控制变量

借鉴相关学者的研究，选取以下变量作为控制变量：企业成长性（Growth）、资本结构（Lev）、企业规模（Size）、管理费用率（Mag）、企业年龄（Age）。变量定义与测量如表5-1所示。

表5-1 变量定义与测量

类别	名称	符号	度量方式
被解释变量	企业绩效	ROE	净利润/净资产
解释变量	风险承担	Risk	经行业、年份调整后的企业盈利能力标准差
门槛变量	营商环境	BE	粤港澳大湾区研究院公布的调查数据
控制变量	企业成长性	Growth	（本年净利润－上年净利润）/上年净利润
	资本结构	Lev	负债总额/总资产×100%
	企业规模	Size	公司账面资产总额取对数
	管理费用率	Mag	管理费用/营业收入×100%
	企业年龄	Age	企业成立至今的时间取对数

三、模型构建

依据前文分析，构建如下实证分析模型：

$$ROA = \alpha_0 + \beta_1 Risk + \lambda_1 Growth + \lambda_2 Lev + \lambda_3 Size + \lambda_4 Mag + \lambda_5 Age + \varepsilon \quad （式5-3）$$

使用式5-3的模型来验证假设 H_1，如果 β_1 显著为负，则表明风险承担与企业绩效显著负相关；为验证假设 H_2，借鉴 Hansen[217] 所使用的面板数据门槛模型，构建面板多门槛模型。其中 BE 为营商环境，表示门槛变量；$I(\cdot)$ 是示性函数；η 为营商环境的门槛值；γ_1 和 γ_2 以及 γ_n 分别是不同门槛值下风险承担对企业绩效的影响系数；Controls 为各控制变量，ε 为随机误差项。

$$ROA = \alpha_0 + \gamma_1 Risk \cdot I(BE_{it} \le \eta_1) + \gamma_2 Risk \cdot I(\eta_1 < BE \le \eta_2) + \cdots$$
$$+ \gamma_{n-1} Risk \cdot I(\eta_{n-1} < BE \le \eta_n) + \gamma_n Risk \cdot I(\eta_n < BE) + \lambda_1 Controls + \varepsilon \quad （式5-4）$$

构造式 5-4 的模型所示的面板数据门槛模型，用来检验营商环境的门槛情况。考虑到我国营商环境建设起步较晚，各项规章制度尚在完善之中，可能会存在多个门槛的情况。首先，对模型进行单一门槛检验，并估计出相应的门槛值，若模型存在单一门槛，则进一步检验模型是否存在第二门槛，以此类推。

第3节 实证分析

一、描述性统计

由表 5-2 可知，各变量均值与其中位数相差不大，说明样本数据并不存在严重的左偏或右偏的情况。ROE 的标准差为 10.41，且位于 [-17.396，34.255] 区间之内，相差较大，说明不同样本企业的经营状况存在两极分化的情况，差异较大。企业风险承担（Risk）介于 [-27.134，24.228] 之间，说明有个别企业的风险承担能力极低，稍遇挫折就会面临进退两难的境地。营商环境（BE）处于 [0.268，0.658] 的范围之内，说明个别城市间营商环境差异较大，均值为 0.495，说明大部分企业所处城市的营商环境状况较好，属于中等偏上水平。控制变量里 Growth 和 Lev 的标准差为 302.106、19.881，数据离散程度较大，说明不同企业存在很大的差异。

表5-2 描述性统计

Variable	Obs	Mean	Std	Min	Max
ROE	9008	9.318	10.41	−17.396	34.255
Risk	9008	6.211	7.517	−27.134	24.228
BE	9008	0.495	0.104	0.268	0.658
Growth	9008	−17.217	302.106	−2070.186	766.149
Lev	9008	41.503	19.881	6.181	85.665
Size	9008	22.159	1.496	17.654	28.636
Mag	9008	12.339	9.083	0.962	51.453
Age	9008	19.356	6.151	6	37

二、相关性分析

表5-3为变量间皮尔逊（Pearson）相关系数检验结果。变量间相关系数均小于0.5，方差膨胀因子（VIF）值小于2，远小于多重共线的判定标准，说明样本数据不存在严重的共线性问题，可以进行回归分析。

表5-3 相关性分析

Variable	ROE	Risk	BE	Growth	Lev	Size	Mag	Age	VIF
ROE	1.000								1.38
Risk	0.896***	1.000							1.67
BE	0.079***	0.059***	1.000						1.01
Growth	0.506***	0.533***	0.037***	1.000					1.42
Lev	−0.112***	−0.257***	−0.067***	−0.071***	1.000				1.54
Size	−0.128***	−0.172***	−0.026**	−0.000	0.515***	1.000			1.53
Mag	−0.168***	−0.161***	0.052***	−0.122***	−0.373***	−0.392***	1.000		1.38
Age	−0.203***	−0.186***	−0.079***	−0.048***	0.209***	0.274***	−0.151***	1.000	1.12

注：*、**、***分别代表10%、5%、1%的显著水平，下同

三、回归分析

1. 线性回归分析

运用 OLS、固定效应以及随机效应模型分别估计模型1，结果如表5-4所示。可以看出，不论是哪种回归模型，风险承担与企业绩效均在1%的水平上呈显著正相关，说明风险承担有利于企业绩效的提升，风险承担能力强的企业，善于站在机会的"风口"，对未知的变化有更强的应对能力，对市场有更敏感的觉察力，能迅速抓住市场契机，从而对企业绩效具有积极正向的影响，假设 H_1 得到验证。当把营商环境作为调节变量加入式5-4的模型以后，风险承担与营商环境的交乘项与企业绩效呈显著正相关，说明营商环境加深了风险承担与企业绩效的正向关系，持续优化营商环境能够增强企业风险承担能力，即企业所处城市的营商环境影响着决策者对市场环境变化的敏感度，决定着企业能否承担风险、引入创新以及进行风险投资战略决策的速度，优化营商环境能够使其迅速抓住潜在的市场机会，进而促进企业绩效提升。

表5-4 线性回归结果

Variable	（1）	（2）	（3）	（4）	（5）	（6）
	OLS		固定效应		随机效应	
Risk	1.256***	1.196***	1.083***	0.993***	1.180***	1.104***
	（158.874）	（39.274）	（105.181）	（29.028）	（141.027）	（36.542）
BE		2.244***		-1.653*		1.142*
		（4.017）		（-1.832）		（1.806）
Risk×BE		0.117**		0.180***		0.153***
		（1.975）		（2.738）		（2.630）
Growth	0.001***	0.001***	0.002***	0.002***	0.001***	0.001***
	（6.473）	（6.528）	（11.571）	（11.742）	（9.009）	（9.099）
Lev	0.083***	0.083***	0.101***	0.100***	0.082***	0.082***
	（28.804）	（29.014）	（17.589）	（17.445）	（23.509）	（23.546）
Size	-0.216***	-0.221***	-0.303*	-0.276*	-0.299***	-0.294***
	（-5.688）	（-5.822）	（-1.944）	（-1.773）	（-5.823）	（-5.733）

续表

Variable	(1)	(2)	(3)	(4)	(5)	(6)
	OLS		固定效应		随机效应	
Mag	0.023***	0.021***	−0.057***	−0.057***	0.001	0.001
	(3.864)	(3.567)	(−4.752)	(−4.685)	(0.161)	(0.119)
Age	−0.093***	−0.089***	−0.163***	−0.168***	−0.108***	−0.104***
	(−11.693)	(−11.308)	(−4.149)	(−4.112)	(−9.796)	(−9.411)
_cons	4.404***	3.352***	9.019***	9.372***	7.309***	6.545***
	(5.267)	(3.863)	(2.842)	(2.918)	(6.518)	(5.666)
N	9,008	9,008	9,008	9,008	9,008	9,008
R-squared	0.824	0.825	0.774	0.774	0.772	0.772

2. 门槛回归分析

由前文分析可知，营商环境能够有效促进风险承担对企业绩效的正向作用，营造良好的营商环境能够增强企业应对风险的能力，进而提升企业绩效。但是，企业风险承担能力总归有一个"度"，不可能无休止地进行风险承担。因此，本研究采用非线性门槛模型进行进一步检验。将营商环境（BE）作为门槛变量，基于式5-4模型的门槛设定，依次检验单一门槛、双重门槛以及三重门槛，采用Bootstrap抽样400次计算门槛值，然后得到F统计量，并以此检验是否存在非线性的门槛效应。根据检验结果，单一门槛值为0.6048，在1%的水平上显著，同时双重门槛和三重门槛也在5%的显著水平上通过检验，表明模型应该采用三门槛模型进行回归分析。由此表明，风险承担与企业绩效的关系受到营商环境的影响，且营商环境在二者关系中存在门槛效应。门槛值的估计结果见表5-5。

表5-5 门槛效果检验

模型	BS次数	F值	P值	临界值			门槛值	置信区间
				10%	5%	1%		
单一门槛	400	14.17**	0.0200	9.6001	11.5593	15.7159	0.6048	[1.06 0.410]
双重门槛	400	17.83**	0.0325	10.7076	15.3787	26.5833	0.5970	[0.96 0.611]
三重门槛	400	23.29**	0.0125	11.8493	14.1934	24.2463	0.5795	[1.07 0.628]

将式5-4的模型估计出的门槛值依据大小顺序依次划分为四个区间,由表5-6列(3)的三重门槛模型得知,基于营商环境不同的门槛条件下,风险承担对企业绩效的影响是有差异的,按营商环境3个门槛值(0.5795,0.5970,0.6048)将我国35个大中型城市划分成较低营商环境区域、中等营商环境区域、较高营商环境区域以及高营商环境区域。随着营商环境不断优化,风险承担对企业绩效影响系数的绝对值有所增加,风险承担对企业绩效的积极作用反而有所增强。相较于低营商环境阶段而言,中营商环境阶段系数有所降低,其原因可能是企业对营商环境的变化应对不够迅速,当企业处于中营商环境区域时,企业单纯地承担高风险投资项目所带来的优势不再明显,反而需要企业引进更先进、科学的生产技术,进一步增加企业研发投入,推进核心技术创新,持续增强竞争力。当企业处于高营商环境时,风险承担对企业绩效的促进效应达到最优,这是因为高营商环境下,企业承担高风险的积极性达到最高,且引进新产品技术,推进核心技术创新在高营商环境下变得更加轻松,故假设H_2得到验证。

表5-6 门槛回归结果

Variable	(1) 单一门槛	(2) 双重门槛	(3) 三重门槛
Growth	0.002***	0.002***	0.002***
	(6.08)	(6.07)	(6.07)
Lev	0.100***	0.099***	0.099***
	(11.08)	(10.98)	(10.95)
Size	−0.278	−0.234	−0.220
	(−0.85)	(−0.71)	(−0.67)
Mag	−0.057**	−0.058**	−0.057**
	(−2.34)	(−2.38)	(−2.36)
Age	−0.156**	−0.150**	−0.138**
	(−2.57)	(−2.45)	(−2.25)
Risk(BE ≤ η_1)	1.078***	1.086***	1.080***
	(49.82)	(50.36)	(48.91)

续表

Variable	(1) 单一门槛	(2) 双重门槛	(3) 三重门槛
Risk ($\eta_1 < BE \leq \eta_2$)	1.121***	1.023***	1.112***
	(45.11)	(29.81)	(42.70)
Risk ($\eta_2 < BE \leq \eta_3$)		1.110***	1.029***
		(45.65)	(28.96)
Risk ($BE > \eta_3$)			1.116***
			(44.09)
_cons	8.341	7.303	6.768
	(1.24)	(1.08)	(1.00)
N	9008	9008	9008
adj. R²	0.774	0.774	0.774
F	690.055***	616.118***	550.167***

注：(1) η_1、η_2 和 η_3 分别代表营商环境门槛下依次从小到大排序的门槛值；(2) BE 表示门槛变量值

四、实证分析结论

基于粤港澳大湾区公布的35个大中型城市营商环境数据，以城市匹配方法获得沪深两市A股上市公司样本，探讨风险承担对企业绩效的影响程度，并深入分析营商环境在风险承担与企业绩效关系中的作用机制，实证结果表明：①风险承担与企业绩效显著正相关；②营商环境对风险承担与企业绩效的关系存在调节效应，且存在显著的三重门槛，表现出明显的非线性特征。

企业经营过程中，风险不会消失，风险承担作为企业经营生产过程不可避免的因素，在一定程度上能够促进企业绩效提升。因此，如何持续优化营商环境以便于企业有效应对风险才是关键。研究表明，持续优化营商环境能够显著弱化风险承担对企业绩效的抑制效应。这一结论是对我国持续优化良好的营商环境政策的肯定，表明营商环境优化没有最好，只有更好。为进一步优化营商环境，有效激发企业的创造力和发展活力，提出如下建议：

对于政府而言：应持续优化营商环境，聚焦重难点问题，精准施策，深

入围绕"放管服"改革,保障市场主体公平竞争。"政策出台,重在实效",要树立"短板意识",围绕营商环境优化提高政策的针对性、有效性。对于营商环境的好坏评判,关键在于企业和群众评价,看市场主体是点赞还是吐槽。因此,厘清政府与市场之间的关系,持续为企业营造发展营商环境,不断简化办事流程,鼓励创新体制,达成既要亲商、亦要清商的关系格局,逐渐形成"共建共享"的多元合作机制。

对于企业而言:正确认识风险承担对企业发展的抑制效应,利用好风险承担这把"双刃剑",正视风险承担对企业绩效带来的影响,合理评估风险特征,有意识地科学决策。目前大部分企业倾向于回避风险,不愿意承担风险,维持现有的发展状态,这也是导致市场上产品同质化现象日趋严重的原因之一。我国近年来不断优化适合企业发展的营商环境,构建推动企业发展的"蓄水池",发挥营商环境的"连锁效应",其目的就在于夯实企业高质量发展的基础,解除企业的后顾之忧。因此,企业在认清自身短板的同时利用政府构筑的营商环境高地合理配置资源,主动承担风险,加大创新力度,不断增强竞争优势,促进企业发展,进而推动我国经济发展。

第 6 章

双元创新对企业家精神与企业绩效关系的影响

企业家是经济活动的重要组织者和创新创业的中坚力量，是敢于承担一切风险和责任并开创和领导一项事业的人，市场活力来源于企业家，更来源于企业家精神。2017年9月2日国务院出台的《关于营造企业家健康成长环境弘扬优秀企业家精神更好发挥企业家作用的意见》，首次以政策文件的形式明确了企业家及企业家精神的重要价值和地位。2020年7月21日举行的企业家座谈会上，习近平总书记强调弘扬企业家精神，企业家应努力成为新时代构建新发展格局、建设现代化经济体系、推动高质量发展的生力军。目前已有诸多学者研究得出，企业家精神不论是对宏观经济增长还是微观企业绩效[218, 219]都存在显著积极影响。

21世纪第二个十年的开端，创新驱动发展成为社会共识。"十四五"规划中提出要坚持创新在我国现代化建设全局中的核心地位，把科技自立自强作为国家发展的战略支撑。强化企业创新主体地位，促进各类创新要素向企业集聚，鼓励企业加大研发投入，发挥企业家在技术创新中的重要作用。企业家精神可以将产品技术与市场创新紧密联结在一起，是企业创新的重要驱动因素。根据双元创新理论，创新可能是一次突破性的独立过程，也可能是建立在之前基础上的累积式创新。因此，创新可分为探索与利用两种形式。其中，探索式创新重视突破、颠覆，符合企业家精神的风险偏好。利用式创新倾向挖掘现有资源知识，优化现有创新及组织流程，注重企业长期稳定发展，有利于实现企业家的长期愿景抱负。

政府是市场中的资源统筹者，而创新本质上又是一种资源消耗活动，所以企业家精神与创新之间的关系必然会受到政商关系的影响。习近平总书记在2016年全国"两会"期间首次提出，要在反腐的基础上建立"亲、清"新型政商关系，并且在2020年7月21日的企业家座谈会上，再次强调要构建亲清政商关系。"亲"即亲和、亲切，"清"即清白、清正、清廉。习近平总书记提出，要构建"亲""清"的新型政商关系，这为我们正确处理政府和企业关系，建设廉洁政治,激励企业创新发展提供了思想遵循和行动指南。

高管是公司的实际运营者,具有企业家精神的特质,其知识基础与关系资源为创新活动的开展创造有利条件。两权分离现实背景下,公司治理的核心问题表现为没有所有权的控制权和没有控制权的所有权之间的摩擦冲突,缩减高管与股东间利益目标的偏差程度,提升高管创新动力,对创新活动的成功至关重要。股权激励通过授予高管人员企业剩余索取权,将其利益与企业紧密连接,使其愿意从企业利益角度出发开展工作。股权激励同样也是高管与股东之间的一种风险分担机制,将企业经营所面临的风险分担给了高管本身,在这种机制下,高管的私人利益与企业利益紧密相连,能有效激发其企业家精神。

当前对于企业家精神与创新的研究虽多,但将创新进行分类,研究双元创新对企业家精神及企业绩效影响的尚不充足,将股权激励、政商关系与之结合起来的研究更是少见。企业家精神与双元创新的关系不可避免地会受到内部和外部环境的影响,本章试图将企业内部双元创新行为、外部亲清政商关系与企业家精神、双元创新、企业绩效放到同一框架中,探究双元创新对企业家精神与企业绩效的作用机制,及政商关系和股权激励在其中的调节作用,为充分发挥企业家精神、促进企业创新提供参考。

第1节 理论分析与研究假设

一、企业家精神与企业绩效

管理者所具有的常人没有的精神、特质和能力,叫做企业家精神,拥有企业家精神的管理者是创新活动的倡导者和实施者,是经营过程中不确定风险的承担者,是市场机会的捕捉者。在高阶理论框架下[220],管理者的主观意识、个人特质、价值观等与企业的战略决策和发展紧密相连,集管理者知识基础、行为倾向及愿景抱负于一体的企业家精神更能直接影响企业绩效。J S Lee等[221]通过研究发现,企业家精神能直接影响企业创新能力,对增强企业持续竞争能力、改善企业绩效具有显著影响。王素莲等[222]基于实证研究得出，风险偏好型管理者可以在瞬息万变的市场和激烈的竞争中充分发挥自己的优势，帮助公司形成核心竞争力并促进公司绩效增长。俞仁智等[223]认为具有企业家精神的高层管理者能用"创造性破坏的方式"制造并利用不确定性环境，从而获得竞争优势，改善绩效。综上所述，拥有企业家精神的企业具有更强的风险承担能力，不仅能第一时间识别并应对市场环境变化，还能先动性地对市场做出预测，进行一系列符合市场偏好的创新型活动，最终对企业绩效带来积极影响。本章认为，具有企业家精神的企业家，对市场变化敏感，风险承担能力也更强，倾向于通过开展创新冒险活动与竞争对手拉开差距，赢取竞争优势，提高企业绩效。对此，做出以下假设：

H_1：企业家精神对企业绩效的提升具有积极作用。

二、企业家精神与双元创新

（一）企业家精神与探索式创新

探索式创新是指为满足新出现的顾客及市场需求，企业通过突破现有知识、产品或商业模式的传统模式，创造出新技术、新产品、新流程、新的生产方式的历程[224,225]。探索式创新引发的知识质变及颠覆性变革，能帮助企业迅速感知并抓住市场中转瞬即逝的机会，建立起扎实且难以模仿的知识及技术优势[226]。探索式创新的颠覆性、高风险、高收益的特点，恰好与具有企业家精神的管理者风险偏好相符合。弋亚群等[227]研究得出，在企业家精神的指引下，探索、学习、创新会成为一种企业文化，影响到公司的全体员工，在面对动态环境时，企业往往更强调通过探索、学习来进行根本性创新，以此来获得竞争优势。赵健宇等[228]认为以冒险、探索为主要精神的企业家创业导向会推动企业更早地尝试开展具有颠覆性特征的创新活动，即探索式创新。在技术同质化愈发严重的后知识危机时代，具有企业家精神的管理者更愿意刺激企业开展突破性的探索式创新活动，以此来抓住市场机遇，与竞争对手拉开差距。据此，本章提出以下假设：

H_{2a}：企业家精神对探索式创新具有显著正向影响。

（二）企业家精神与利用式创新

利用式创新是对现有知识、技术、流程进行梳理、提炼、改进、实施推广的创新过程，具有循序渐进的特点[229]。彭灿等[230]认为，开展小而微的利用式创新，对企业组织管理及激励机制都具有积极影响。利用式创新成本低、风险小，能最大效率地对现有知识、资源进行整合与配置，减缓企业资源约束压力，维持企业日常经营稳定性，提高组织运行效率[231]。利用式创新交易成功，能带来企业短暂时间内财务绩效的上升，激发员工创新热情、提高企业创新水平。同时，探索式创新产生的创新成果需由利用式创新来进行消化，否则将无法发挥最大价值，甚至会使企业陷入资源困境[232]。因此，具有企业家精神的管理者在制定决策时往往会从全局出发进行考虑，开展利用式创新维持日常经营管理、刺激员工创新积极性、消化创新成果。据此，本章提出以下假设：

H_{2b}：企业家精神对利用式创新具有显著正向影响。

三、双元创新的中介作用

（一）探索式创新的中介作用

诸多学者的研究表明，探索式创新对改善企业绩效具有显著影响。Bierly等[233]通过抽样调查研究发现，探索式创新对企业绩效具有正向影响。李忆等[234]通过对我国397家样本公司数据进行实证分析得出，探索式创新通过开发新产品及服务、拓展新的分销渠道来满足消费者需求，从而正向影响企业绩效。胡超颖等[235]采用元分析方法对72篇实证研究文献的223个效应值进行分析得出，探索式创新有助于企业获得持续的竞争优势，对绩效具有积极影响。开展创新活动是充分发挥企业家精神的重要途径，探索式创新高风险、高收益性的特点为提高企业绩效提供了可能，且高度符合具有企业家精神的管理者的冒险偏好，这充分说明探索式创新在企业家精神与企业绩效之间起到传导作用。对此，本章提出以下假设：

H_{3a}：探索式创新在企业家精神与企业绩效的关系间发挥中介作用。

（二）利用式创新的中介作用

利用式创新强调对现有知识资源进行整合与再创造，加深对现有技术的认识，提高组织运行效率，消化吸收探索式创新获得的成果，稳步提升企业绩效[236]。Benner[237]研究发现，利用式创新通过对现状进行整改、改进、消化与吸收，显著改善了企业绩效。一味进行探索式创新，一方面易因消耗大量资源而陷入资源困境，另一方面创新成果尚未消化，企业没有足够资金流维持日常经营，又易陷入财务困境。因此，在实际企业运营中，具有企业家精神的管理者从企业持续发展角度考虑，不仅注重开展探索式创新与对手拉开差距，同时也注重开展利用式创新来优化企业日常管理，消化探索式创新的知识与成果。由此可见，利用式创新在企业家精神与企业绩效间起桥梁作用。对此，本章提出以下假设：

H_{3b}：利用式创新在企业家精神和企业绩效间的关系中发挥中介作用。

四、亲清政商关系的调节作用

（一）对企业家精神与探索式创新的调节作用

政府作为外部市场公共资源的分配者与公共权力的行使者，不可避免地会对企业家精神的发挥及创新活动的开展产生影响。一方面，当企业与政府保持亲清政商关系时，企业家寻租风险增大，企业不必再花费过多精力用于维持与政府的关系，更多的精力、资源被用于从事创新等生产性活动，有助于企业家精神的充分发挥。另一方面，探索式创新需要消耗大量的资源，且失败率高、收益具有不确定性，企业家通过与政府保持良好的亲清政商关系，能获得来自政府的人力、资金、信息等针对性的战略扶持，推进并加快了探索式创新活动的开展，提高了探索式创新活动的成功率[238]。杨俊清指出，在"大众创业、万众创新"的双创背景下，要通过构造亲清政商关系，培育企

家精神营造制度环境,保障经济社会持续创新高质量的发展。对此,本章提出以下假设:

H_{4a}:亲清政商关系对企业家精神与探索式创新关系具有显著促进作用。

(二)对企业家精神与利用式创新的调节作用

亲清政商关系在帮助企业更好发展的同时,也吸引大量新创企业进入市场,外部市场竞争更加激烈且不确定,无形中增加了企业生存压力。基于资源基础观,在这种动态不确定环境下,企业既需要不断进行探索适应新环境,也需充分利用现有知识确保企业正常运行,但由于资源的有限性,这两种不同行为会因竞争企业内部资源而相互替代,形成一种张力或矛盾[239, 240]。具有企业家精神的管理者风险承担能力强,在不确定环境中更具冒险倾向及风险偏好,在资源有限的情况下往往侧重开展高收益、高风险的探索式创新与竞争对手拉开差距,并因此忽略了利用式创新。对此,本章提出以下假设:

H_{4b}:亲清政商关系对企业家精神与利用式创新关系具有显著抑制作用。

五、股权激励的调节作用

(一)对企业家精神与探索式创新的调节作用

委托代理理论指出,尽管探索式创新对企业绩效的积极影响已得到大多数学者的证实,但由于探索式创新需要消耗大量资源且具有高度不确定性,出于对自身职业生涯及声誉的考虑,并不是所有管理者都愿意进行探索式创新。黄海燕等[241]指出,委托代理关系下的企业家激励约束机制尚不完善,导致企业家群体创业激情普遍不高,不利于企业家精神的发挥。在当前环境下,股权激励是缓解委托代理问题、促使高管选择创新战略的有效途径[242]。股权激励作为管理者与企业所有者之间的一种风险分担机制,通过授予管理者剩余索取权,将其个人利益与企业长远发展紧紧绑定在一起,使管理者愿意承担风险进行创新活动,激发了管理者的企业家精神[243]。对此,本章提出以下假设:

H_{5a}：股权激励对企业家精神与探索式创新关系具有显著促进作用。

（二）对企业家精神与利用式创新的调节作用

高管拥有企业战略决策权，对企业日常经营管理及技术创新有直接影响[244]。在激励理论框架下，良好的高管激励机制能有效引导管理者的行为，减小管理者与股东之间的利益目标差异，从而降低代理成本、缓解所有权与控制权分离难题[245]。在股权的激励下，管理者的企业家精神得到有效激发，管理者更能从企业长期发展角度看待问题，不仅注重突破创新，也在意企业日常运营管理。一方面，小而微的利用式创新风险低、成功率高，所带来的收益能提高企业短期内的财务绩效，保障管理者的个人收益，维持企业日常运营。另一方面，具有企业家精神的管理者为平衡从事探索式创新带来的风险，必然会开展利用式创新活动。因此，本章提出以下假设：

H_{5b}：股权激励对企业家精神与利用式创新关系具有显著促进作用。

综合前文分析与假设，构建企业家精神与企业绩效间的关系机制框架图，如图6-1所示：

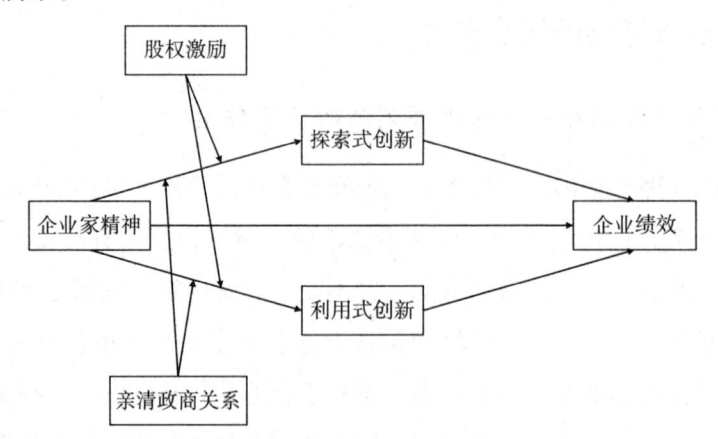

图6-1 结构化模型

第2节 研究设计

一、样本选择与数据来源

选取我国 A 股上市公司 2017、2018 年数据作为研究样本，首先剔除 ST*、ST 及关键研究变量数据缺失的公司，这类公司对研究价值不大；为避免回归结果出现误差，去除金融类公司及资产负债率大于 1 的公司。样本筛选过后共获得 257 家公司 514 个有效样本值数据，处理所用软件为 STATA16 与 excel。本书使用的亲清政商关系相关数据来自《中国城市政商关系排行榜》[①]，股权激励相关数据来源于 CSMAR 数据库，私营企业和个体就业人数相关数据来源于《中国统计年鉴》，分地区就业总人数数据来源于各省市统计年鉴，其余数据来源于 Wind 数据库。

二、变量选取

1. 因变量

企业绩效。经过文献梳理后，本章参考目前大多数学者的做法，选取净资产收益率（ROE）衡量企业绩效，总资产净利率（ROA）作为稳健性检验时的替换变量。

2. 自变量

企业家精神（ES）。目前已有诸多研究表明，基于宏观指标上的企业家精神仍能一定程度上体现微观的加总效应。因此本书参考陈逢文等[246]学者的研究，采用私营企业雇佣率对企业家精神进行衡量。如果一个地区的私营企业雇佣率越高，则表明地区的个体创业及私营企业活跃度就越高，就业者更愿意从事创业、创新等冒险工作，该地区就业者的冒险能力与风险承担能力也越强，企业家精神也越高。

---

① 聂辉华、韩冬临、马亮、张楠迪杨，2018，《中国城市政商关系排行榜（2017）》；
聂辉华、韩冬临、马亮、张楠迪杨，2019，《中国城市政商关系排行榜（2018）》；
中国人民大学国家发展与战略研究院报告。

3. 中介变量

双元创新。参考毕晓方等[247]学者的研究，本书选择企业研究活动的费用化支出来衡量企业探索式创新（Rat），资本化支出衡量利用式创新（Tat），并在此基础上取对数以消除规模效应的影响。

4. 调节变量

（1）亲清政商关系（Rbgb）。聂辉华等人通过构建指标体系计算得出的城市亲清政商关系指数受到学术界研究的普遍认可。因此，本书选择由聂辉华等人研究、中国人民大学国家发展与战略研究院于2018、2019年发布的《中国城市政商关系排行榜》中的各城市政商关系健康指数来衡量新型亲清政商关系。

（2）股权激励（Share）。选择学术界普遍使用的高管持股比例来衡量股权激励。

5. 控制变量

借鉴相关学者的研究，本书的控制变量为股权集中度（Top1）、企业规模（Size）、企业年龄（Age）、资本结构（Lev）。各变量的具体描述如表6-1所示：

表6-1 变量定义

变量类别	名称	符号	衡量标准
因变量	企业绩效	ROE	净资产收益率
自变量	企业家精神	ES	私营企业雇佣率
中介变量	探索式创新	Rat	费用化研发支出取对数
	利用式创新	Tat	资本化研发支出取对数
调节变量	亲清政商关系	Rbgb	《中国城市政商关系排行榜》健康指数
	股权激励	Share	高管持股比例
控制变量	股权集中度	Top1	第一大股东持股占比
	企业规模	Size	总资产取对数
	企业年龄	Age	成立至今时间取对数
	资本结构	Lev	负债总额/资产合计 ×100%

三、模型构建

根据前文分析，构建以下实证分析模型 1～4：

$$ROA = \alpha_0 + \beta_1 ES + \beta_2 controls + \varepsilon \quad (式6\text{-}1)$$

$$Rat/Tat = \alpha_0 + \beta_1 ES + \beta_2 controls + \varepsilon \quad (式6\text{-}2)$$

$$ROA = \alpha_0 + \beta_1 ES + \beta_2 Rat/Tat + \beta_3 controls + \varepsilon \quad (式6\text{-}3)$$

$$ROA = \alpha_0 + \beta_1 ES + \beta_2 Share/Rbgb + \beta_3 Share/Rbgb \times ES + \beta_4 controls + \varepsilon \quad (式6\text{-}4)$$

其中，controls 表示所有控制变量的集合，ε 代表随机误差扰动项。模型1～3检验双元创新的中介效应，模型4检验亲清政商关系与股权激励的调节效应。

第3节 实证分析

一、描述性统计

表6-2所展示的是各主要变量的描述性统计结果。企业家精神最小值为0.198，最大值为0.979，净资产收益率最小值为-0.516，最大值为18.269，这表明不同地区不同企业，企业家精神的发挥存在显著差异，企业绩效水平也参差不齐。探索式创新水平与利用式创新水平平均值分别为18.523和16.543，表明企业相对更注重探索式创新，但偏好并不严重。政商关系健康指数标准差高达23.727，表明不同地区企业面临的外部政商环境存在较大差异。高管持股比例最大为0.75，最小为0，平均为0.026，显示出目前企业对高管的股权激励力度普遍处于一个较低的水平。

表 6-2 变量描述性统计

变量	Obs	Mean	Std	Min	Max
ROE	514	7.833	5.799	−.516	18.269
ES	514	.608	.283	.198	.979
Rat	514	18.523	1.635	15.33	22.349
Tat	514	16.543	2.251	12.193	20.888

续 表

变量	Obs	Mean	Std	Min	Max
Rbgb	514	57.614	23.727	8.558	96.274
Share	514	.026	.108	0	.75
Top1	514	36.764	16.184	7.12	81.8
Size	514	23.28	1.545	20.414	27.307
Age	514	20.259	5.331	8	39
Lev	514	49.744	19.288	10.857	90.767

二、相关性分析

各变量的 pearson 相关系数检验结果如表6-3。由此可知，ES 与 ROE 正相关但不显著，这表明企业家对企业绩效的正向作用还受到内外部各种其他因素的影响。Rat 与 ES 在1% 的水平上显著正相关，Tat 与 ES 正相关不显著，表明拥有企业家精神的企业倾向于从事创新活动。Rbgb 与 Share 均与 ES 在1%的水平上显著正相关，代表着企业家精神的发挥受到外部政商关系及内部股权激励的显著影响。各变量之间的相关系数均小于0.7，VIF 值除了 Size 略大于2外，其余各项均小于2，远远小于10，意味着各变量之间不存在多重共线性问题，可以进行回归。

表6-3 变量相关性分析

变量	ROE	ES	Rat	Tat	Rbgb	Share	Top1	Size	Age	Lev	VIF
ROE	1										1.51
ES	0.0440	1									1.80
Rat	0.087**	0.175***	1								1.59
Tat	0.0360	0.0360	0.439***	1							1.32
Rbgb	0.0360	0.649***	0.107**	0.0160	1						1.74
Share	0.0620	0.136***	−0.098**	−0.149**	0.095**	1					1.15
Top1	0.199***	0.111**	0.086*	−0.0670	0.116***	0.0440	1				1.23
Size	0.113**	0.075*	0.521***	0.351***	0.099**	−0.254***	0.187***	1			2.05
Age	0.0330	0.0620	−0.0120	−0.00700	0.0390	−0.162***	−0.338***	−0.0620	1		1.19
Lev	−0.123***	0.0440	0.326***	0.158***	0.0520	−0.162***	−0.00700	0.557***	0.0640	1	1.50

注：***、**、* 分别表示在1%、5%、10% 的水平上显著相关

三、回归结果分析

为消除异方差的影响,本书选择使用广义最小二乘法对样本进行回归,表6-4、6-5为回归结果。具体分析如下:

1. 企业家精神、双元创新与企业绩效

表6-4列(1)报告了企业家精神(ES)系数为0.586,并且与企业绩效(ROE)在10%的水平上显著正相关,表明企业家精神每增加一个单位,企业绩效也会随之上升0.586*个单位,企业家精神显著提升了企业绩效,H_1得到验证。列(2)中,ES系数为0.727***,与Rat在1%的水平上显著正相关,表明企业家精神对探索式创新具有积极影响,H_{2a}得到验证。列(5)回归结果可知,ES的系数为0.314***,在1%的水平上显著正向影响利用式创新(Tat),H_{2b}成立。结合列(1)至(3)可知,ES在(1)与(2)中影响显著,加入变量Rat后,在列(3)中Rat与ES系数皆在10%水平上显著,表明探索式创新在企业家精神与企业绩效中起到部分中介作用,H_{3a}得到验证。同理,根据列(4)至(6)可得利用式创新是企业家精神与企业绩效关系中的部分中介,验证了H_{3b}。

表6-4 回归分析结果

变量	(1) ROE	(2) Rat	(3) ROE	(4) ROE	(5) Tat	(6) ROE
ES	0.586*	0.727***	0.578*	0.586*	0.314***	0.476*
	(1.85)	(13.88)	(1.71)	(1.85)	(2.83)	(1.81)
Top1	0.0859***	−0.000524	0.0820***	0.0859***	−0.0191***	0.0906***
	(11.31)	(−0.47)	(10.36)	(11.31)	(−7.94)	(11.63)
Size	0.828***	0.508***	0.787***	0.828***	0.616***	0.732***
	(13.25)	(43.50)	(9.27)	(13.25)	(20.91)	(11.17)
Age	0.184***	0.00228	0.179***	0.184***	−0.0213***	0.173***
	(10.92)	(0.70)	(10.84)	(10.92)	(−2.94)	(10.43)
Lev	−0.0760***	0.00457***	−0.0809***	−0.0760***	−0.00958***	−0.0704***
	(−16.09)	(4.82)	(−12.67)	(−16.09)	(−4.22)	(−14.72)
Rat			0.142*			
			(1.79)			

续 表

变量	（1） ROE	（2） Rat	（3） ROE	（4） ROE	（5） Tat	（6） ROE
Tat						0.0802*** （2.82）
年份	控制					
产权性质	控制					
cons	−15.21*** （−12.62）	6.116*** （25.11）	−16.48*** （−11.96）	−15.21*** （−12.62）	3.760*** （6.01）	−14.50*** （−13.98）
N	514	514	514	514	514	514
Wald	1227.79	4399.07	900.28	1227.79	982.65	1802.70

注：***、**、* 分别表示在1%、5%、10% 的水平上显著相关

2. 亲清政商关系对企业家精神与双元创新的调节效应

由表6-5中列（7）可知，ES系数为0.727***，与Rat在1%的水平上呈显著正相关，列（8）中 Rbgb*ES 系数为0.00620*，说明亲清政商关系正向调节企业家精神与探索式创新间的关系，H_{4a} 得到验证。同理，列（11）中，Rbgb*ES 的系数为 -0.0391***，亲清政商关系在1%的水平上显著负向调节企业家精神与利用式创新的关系，验证了 H_{4b}。这表明政府作为外部市场关键资源的分配者以及公共权力的行使者，当政商关系越好时，一方面，企业会缩减寻租行为，集中精力开展生产性活动；另一方面市场透明度高，企业间竞争愈发激烈，由于资源的有限性，企业会更倾向开展探索式创新拉开差距提升优势，而忽略利用式创新。

3. 股权激励对企业家精神与双元创新的调节效应

表6-5中列（9）交乘项 Share*ES 系数为2.369***，说明高管持股比例越高，拥有企业家精神的企业越倾向于开展探索式创新活动，H_{5a} 得到验证。同理可知，列（12）中 Share*ES 的系数为9.109***，股权激励正向调节企业家精神和利用式创新间的关系，这反映出，当实施股权激励时，高管成为企业的主人，在利益趋同效应的作用下，其不仅注重实施突破性的探索式创新来获得企业竞争优势，也会更加注意开展利用式创新来消化探索式创新的成果以及维护、优化日常经营管理，验证了 H_{5b}。

表6-5 调节效应回归分析结果

变量	（7）Rat	（8）Rat	（9）Rat	（10）Tat	（11）Tat	（12）Tat
ES	0.727***	0.280	0.599***	0.314***	2.649***	0.307***
	（13.88）	（1.20）	（10.95）	（2.83）	（8.21）	（2.86）
Top1	−0.000524	−0.000240	−0.00102	−0.0191***	−0.0198***	−0.0217***
	（−0.47）	（−0.19）	（−0.90）	（−7.94）	（−12.03）	（−11.71）
Size	0.508***	0.514***	0.524***	0.616***	0.626***	0.609***
	（43.50）	（40.64）	（47.02）	（20.91）	（21.20）	（20.43）
Age	0.00228	0.00389	0.00489	−0.0213***	−0.0175***	−0.0261***
	（0.70）	（1.11）	（1.47）	（−2.94）	（−3.81）	（−3.94）
Lev	0.00457***	0.00455***	0.00476***	−0.00958***	−0.00870***	−0.00831***
	（4.82）	（4.44）	（5.06）	（−4.22）	（−4.02）	（−3.59）
Rbgb		−0.00362			0.0220***	
		（−1.58）			（9.56）	
Share			−1.467**			−8.635***
			（−2.42）			（−4.15）
Rbgb*ES		0.00620*			−0.0391***	
		（1.84）			（−9.01）	
Share*ES			2.369***			9.109***
			（3.30）			（3.58）
年份	控制					
产权性质	控制					
cons	6.116***	6.414***	5.812***	3.760***	0.748	4.269***
	（25.11）	（17.66）	（24.50）	（6.01）	（1.10）	（6.68）
N	514	514	514	514	514	514
Wald	4399.07	4531.38	5320.76	982.65	1292.46	1231.33

注：***、**、*分别表示在1%、5%、10%的水平上显著相关

四、稳健性检验

为保证回归结果具有稳健性，进行如下检验。①替换因变量。用总资产净利率（ROA）衡量企业绩效进行回归，回归结果见表6-6。②替换调节变

量。选取对高管持股数量取对数作为股权激励的替换变量进行回归，结果如表6-7列（9）（12）所示。参考管考磊的做法，对政商关系健康指数进行虚拟化处理，如果大于中位数为1，小于中位数则为0进行回归，结果如表6-7中列（8）（11）所示。回归结果显示各项系数符号与前文回归结果并无显著差异，说明上述回归结果具有稳健性。

表6-6 中介效应稳健性回归结果

变量	（1）ROA	（2）Rat	（3）ROA	（4）ROA	（5）Tat	（6）ROA
ES	0.294**	0.727***	0.356***	0.294**	0.314***	0.301*
	（2.33）	（13.88）	（2.82）	（2.33）	（2.83）	（1.84）
Top1	0.0375***	−0.000524	0.0342***	0.0375***	−0.0191***	0.0391***
	（11.88）	（−0.47）	（10.94）	（11.88）	（−7.94）	（12.28）
Size	0.338***	0.508***	0.296***	0.338***	0.616***	0.281***
	（8.76）	（43.50）	（7.86）	（8.76）	（20.91）	（6.79）
Age	0.0783***	0.00228	0.0754***	0.0783***	−0.0213***	0.0799***
	（9.12）	（0.70）	（9.36）	（9.12）	（−2.94）	（8.15）
Lev	−0.0943***	0.00457***	−0.0958***	−0.0943***	−0.00958***	−0.0954***
	（−28.45）	（4.82）	（−32.62）	（−28.45）	（−4.22）	（−24.35）
Rat			0.108***			
			（4.60）			
Tat						0.0918***
						（5.28）
年份	控制	控制	控制	控制	控制	控制
产权性质	控制	控制	控制	控制	控制	控制
cons	−2.478***	6.116***	−3.341***	−2.478***	3.760***	−2.741***
	（−3.16）	（25.11）	（−4.85）	（−3.16）	（6.01）	（−3.35）
N	514	514	514	514	514	514
Wald	1938.76	4399.07	3813.27	1938.76	982.65	1292.91

注：***、**、*分别表示在1%、5%、10%的水平上显著相关

表6-7 调节效应稳健性回归结果

变量	(7) Rat	(8) Rat	(9) Rat	(10) Tat	(11) Tat	(12) Tat
ES	0.727***	0.498***	0.646***	0.314***	1.083***	0.0499
	(13.88)	(2.97)	(10.35)	(2.83)	(3.80)	(0.24)
Top1	−0.000524	2.08e−05	0.00183	−0.0191***	−0.0176***	−0.0166***
	(−0.47)	(0.02)	(1.51)	(−7.94)	(−8.54)	(−6.61)
Size	0.508***	0.513***	0.540***	0.616***	0.636***	0.641***
	(43.50)	(38.98)	(51.84)	(20.91)	(21.35)	(20.05)
Age	0.00228	0.00393	0.00417	−0.0213***	−0.0140**	−0.0228***
	(0.70)	(1.01)	(1.18)	(−2.94)	(−2.34)	(−3.05)
Lev	0.00457***	0.00368***	0.00387***	−0.00958***	−0.00866***	−0.0106***
	(4.82)	(3.52)	(4.21)	(−4.22)	(−3.50)	(−4.59)
ZWS		−0.215*			0.823***	
		(−1.68)			(5.19)	
Snumber			0.0141***			0.00539
			(3.30)			(0.44)
ZWS*ES		0.347*			−1.364***	
		(1.72)			(−4.34)	
Snumber*ES			0.0113*			0.0273
			(1.94)			(1.42)
年份	控制					
产权性质	控制					
cons	6.116***	6.225***	5.203***	3.760***	2.221***	3.278***
	(25.11)	(19.55)	(20.43)	(6.01)	(3.11)	(4.87)
N	514	514	514	514	514	514
Wald	4399.07	3150.43	5097.03	982.65	1076.12	627.94

注：***、**、*分别表示在1%、5%、10%的水平上显著相关

本章从双元创新中介、外部亲清政商关系与内部股权激励调节作用入手，实证分析企业家精神和企业绩效之间的关系，并且得出如下结论：①企业家精神不论是对企业绩效还是对双元创新都存在正向积极影响；②无论是探索

式创新还是利用式创新，都在企业家精神与企业绩效间发挥部分中介的作用；③亲清政商关系虽正向促进了探索式创新和企业绩效间的关系，却负向抑制了利用式创新与企业绩效之间的正向关系；④股权激励显著正向调节企业家精神与探索式创新及利用式创新之间的正向关系。

第 7 章

激发和保护企业家精神的政策梳理、机制分析和典型经验借鉴

企业家精神的发展机制是指在企业家精神内外部动力系统运作过程中，各要素的互动关系及其规律总和。本研究认为，企业家精神体系的构建受到包括行政干预、法律体系和财政支持的体制环境的企业外部动力机制的制约，以及包括激励机制、人力资本机制和企业文化机制的企业内部动力机制制约。企业内外部动力机制合力影响并作用于企业家精神的激发与保护，并对东北三省企业家精神的发展产生深远影响。以下将从激发和保护企业家精神机制的理论构架、现实基础（现行的机制与政策）、执行效果三方面进行分析。

第1节 激发和保护企业家精神的政策梳理

一、中央政府发布的企业家精神相关文件梳理

近年来，国家积极倡导企业家精神的培育与企业家精神作用的发挥。习近平主席多次提到企业家精神，中共中央国务院出台了企业家精神相关的文件规定，公检法联动维护企业家合法权益。自2006年1月至2019年以来，中央人民政府及其直属部门、相关机构出台494条与企业家精神相关的文件，涉及高质量发展、创新创业、企业家产权保护、融资、党建用人制度、社会主义核心价值观、企业改革、产业结构升级、创业教育等一系列问题。以下是国家层面相关文件的出台与总结。

表6-1 近年来中央政府发布的企业家精神相关文件汇总

时间	提出者	文件/会议	主要内容
2014.11	国家主席习近平	亚太经合组织	要激发和保护企业家精神，引发关注
2017.04.18	中央全面深化改革领导小组	《关于进一步激发和保护企业家精神的意见》	对激发和保护企业家精神做出专门规定

续　表

时间	提出者	文件/会议	主要内容
2017.09.08	国务院	《关于营造企业家健康成长环境弘扬优秀企业家精神更好发挥企业家作用的意见》	首次以专门文件明确企业家精神的地位和价值，充分肯定了企业家为经济发展做出的贡献
2017.10.18	国家主席习近平	党的十九大报告	"激发和保护企业家精神，鼓励更多社会主体投身创新创业。"
2017.12	中共中央	中央经济工作会议	支持民营企业发展，落实保护产权政策
2018.01.01	最高人民检察院、公安部	《最高人民检察院公安部关于公安机关办理经济犯罪案件的若干规定》	关于产权保护、市场秩序、经济纠纷、防范执法不当行为作出专门规定，以激发和保护企业家精神
2018.01.02	最高人民法院	《关于充分发挥审判职能作用，为企业家创新创业营造良好法治环境》	人民法院充分发挥审判职能作用，保护企业家人身、财产、知识产权等相关合法权益；为企业家创新创业营造良好法治环境与社会氛围；纠正涉企业家产权冤错案件、完善相关司法政策等

二、黑龙江省近年来发布的企业家精神相关文件梳理

黑龙江省发展和改革委员会于2017年11月29日同省企业家联合会召开保护和激发企业家精神座谈会，就营商环境改善、企业发展障碍等问题展开深入交流与会谈，这是根据黑龙江省各企业发展实际情况做出的关于激发和保护企业家精神的最直接有力的政府回应。改善营商环境近年来一直是东北三省政府采取激发和保护企业家精神措施的重中之重，黑龙江省政府文件及省直部门，从2018年4月至今，已出台十余项相关文件，涉及住建厅、旅游委、环保厅、工商行政管理局等一系列部门，就党政机关考核、涉旅行业整顿等一系列相关内容进行整顿考核，并开展专项清理整治；不断优化边境口岸营商环境、促进跨境贸易便利化，不断推进黑龙江省贸易流通现代化，推进内贸流通网络建设、加快流通市场建设以及优化法治化营商环境，不断提升为企业发展服务的能力与水平，以促进区域企业家精神的创新。以下为黑龙江省近期有关营商环境构建的企业家精神激发和培育的文件汇总。

表7-2 近年来黑龙江省政府企业家精神相关文件

时间	提出者	文件/会议	主要内容
2016.11.15	省政府办公厅	《黑龙江省人民政府关于推进国内贸易流通现代化建设法治化营商环境的实施意见》	推进内贸流通网络建设、加快流通市场建设以不断优化黑龙江省边境口岸营商环境
2018.04.08	省住房和城乡建设厅	《省住建厅2018年深化机关作风整顿优化营商环境工作方案》	开展规划管理专项整治、房产中介专项整治、城管执法专项整治，以提升黑龙江省营商环境建设
2018.04.09	省旅游委	《省旅游委2018年深化机关作风整顿优化营商环境实施方案》	开展旅游系统失信违诺专项清理、严厉整治旅游市场乱象、严查不作为乱作为问题、加强旅游市场综合整治
2018.05.15	省环境保护厅	《2018年省环境保护厅深化作风整顿优化营商环境"放管服"实施方案》	推进"互联网+政务服务"、优化工作流程、提高服务效能、厘清权力边界，提出具体工作流程图、"放管服"问题整改台账
2018.08.16	省政府法制办公室	省政府法制办组织召开《黑龙江省优化营商环境条例》征求意见座谈会	向川渝商会、宁波商会以及有关市场主体负责人征求意见以优化黑龙江省优化营商环境
2019.01.11	省安全生产监督管理局	《省应急厅召开优化营商环境警示教育大会 着力解决困扰制约全省发展最突出问题》	树立服务意识，严格落实首问负责制，推动工作作风整顿，优化营商环境再出发、再深化
2019.01.30	省政府办公厅	《黑龙江省人民政府关于印发黑龙江省优化口岸营商环境促进跨境贸易便利化措施的通知》	精简进出口环节监管证件、提高查验准备工作效率、建立和推广第三方采信制度等，进一步优化口岸营商环境

研究黑龙江省激发和保护企业家精神的机制与成效，离不开中央与地方政府相关政策的积极推动；此外，政策本身也涉及机制环境、激励机制、人力资本培育、社会风气改善等一系列企业家精神机制构成要素，因此对政策进行梳理显得尤为必要。近年来中央政府与东北三省地方政府积极倡导企业家精神的作用发挥与企业家精神的培育，对黑龙江省激发和保护企业家精神起到良好的推动作用，以上文件均为黑龙江省激发和保护企业家精神提供了良好的外部市场环境与运营规则。

第2节 激发和保护企业家精神机制的理论构架

结合《辞海》定义与相关学者研究，我们认为，企业家精神的发展机制是指在企业家精神内外部动力系统运作过程中，各要素的互动关系及其规律总和。以下将从东北三省企业家精神的机制构成要素与企业家精神动力机制两方面入手，进行研究。

一、激发和保护企业家精神的机制构成要素

在总结相关文献后，我们可以把激发和保护企业家精神的发展机制构成要素简单概括为体制环境要素（政府行为）、激励机制、文化环境要素和人力资本要素四个方面，如图7-1，以下将依次展开论述。

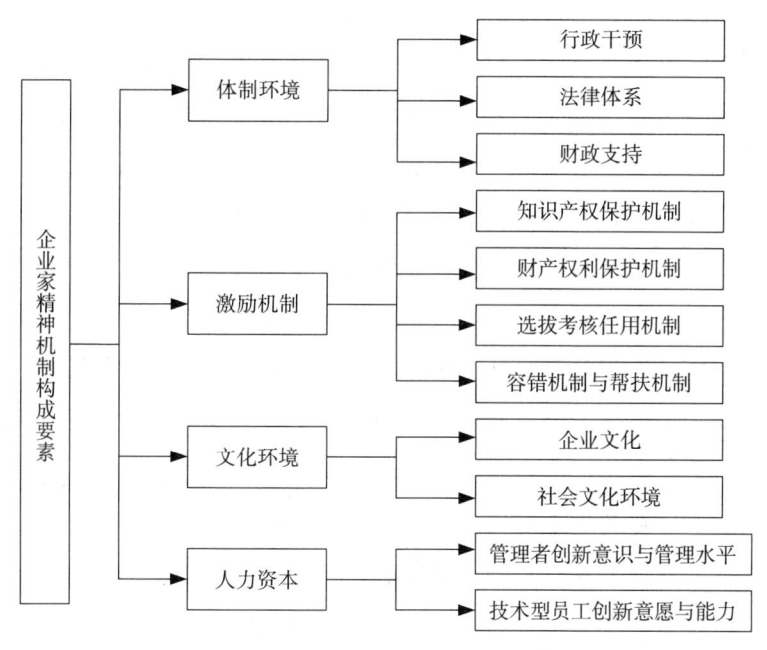

```
                    ┌─ 行政干预
          ┌─ 体制环境 ─┼─ 法律体系
          │          └─ 财政支持
          │          ┌─ 知识产权保护机制
企业家精神   │          ├─ 财产权利保护机制
机制构成 ──┼─ 激励机制 ─┤
要素        │          ├─ 选拔考核任用机制
          │          └─ 容错机制与帮扶机制
          │          ┌─ 企业文化
          ├─ 文化环境 ─┤
          │          └─ 社会文化环境
          │          ┌─ 管理者创新意识与管理水平
          └─ 人力资本 ─┤
                     └─ 技术型员工创新意愿与能力
```

图7-1 企业家精神的机制构成要素

（一）体制环境方面

东北三省有着相对而言较为沉重的信用约束和管制负担，行政干预色彩较为浓厚。行政权对国企民企实行差别化对待，严重影响了东北三省创新创

业新机会的识别,增加了创新创业的难度,从而影响了本地企业家精神的发展与企业家成长,因此相关的经济体制改革就显得尤为重要。激发和保护企业家精神需要规范有序的法律运行环境与良好的维护市场运作的法律体系。目前东北地区仍存在部分不透明的经济环境,出现了人治大于法治、以领导意愿代替政府政策进行行政管理的现象,营商环境建设堪忧。因此地方政府要减少不公平不正当的市场干预行为,不断维护作为稀缺资源的企业家的人力资本产权、人身利益以及合法经营的权利,完善相应的法律制度构建;同时应不断增大创新创业扶植力度,予以应有的财政支持,以培育与激发当地的企业家精神。

(二)激励机制方面

企业的激励约束机制是企业家精神培育与发展的关键所在。包括企业家知识产权保护机制、财产权利保护机制和选拔考核任用机制,以及相应的帮扶机制与容错机制。东北三省创新投入产出不足,相关的科技成果转化成本较高,因此更应该完善知识产权保护机制,减轻企业被侵权的心理负担,以不断增强东北企业家发展的信心,进一步创新创业;运营良好的财产权利保护机制让东北企业家有良好和稳定的预期,从而有益于激发和弘扬企业家精神。时至今日,东北三省仍然存在侵犯产权的事件,产权保护也仍是薄弱环节与突出问题。因此必须采取手段加以克服与整改,更好完善产权保护制度,织密产权保护屏障;同时,要充分保障企业家经营自主权并且构建更加合理的选拔考核绩效机制。目前出现一些对企业经营过度干预、越俎代庖的问题,以及空降高管、接管人事任命权的现象,因此必须充分保障企业家经营的自主权、构建更合理的选拔考核绩效机制,才能够充分激发企业竞争力与活力、激发和保护企业家的创新能动意识与水平。容错机制方面,"官本位"思想较为严重,与创业的高风险性相悖,从而阻碍了优秀企业家精神的激发,因此,允许"先行先试的失误"的容错机制,就显得尤为重要。帮扶机制方面,创新创业帮扶网络仍需不断建立健全,以不断促进企业家精神的发展与进步。

（三）文化环境方面

要不断打造创新创业氛围的企业文化与尊重创新创业的社会文化。东北的区域文化抑制了企业家精神的形成与作用发挥，因此影响了区域的资源配置与经济效率。长期处在计划经济体制下的东北地区，有着浓厚的"官本位""铁饭碗""学而优则仕"的社会文化，企业内部则安于现状、因循守旧、不愿意承担不确定性与风险的文化盛行。长此以往，无法进行"破坏式的创新"，从而导致低效的资源配置方式长期存在，抑制了企业家精神，不利于区域经济绩效的提升。

（四）人力资本要素方面

企业界缺少的是企业家角色思维与相关行为准则。东北地区企业管理者普遍创新意识与水平不高，技术型员工创新意愿与能力不强，有着人才科研双流失的现象。此外创新创业教育体制尚不完善，对企业家精神的教育应贯穿于多个教育阶段之中，要进一步提高对个人、家庭、学校乃至社会的企业家精神教育重视程度，同时出台相应的落地政策，以减少本地人才流失、同时积极吸引优质人才。

二、激发和保护企业家精神的内外部动力机制

基于上述四个观点及相关的归纳总结，根据张福等[248]的文献，我们提出了一个研究的理论框架。

如图7-2所示，影响企业家精神机制可以分为企业内部动力机制和企业外部动力机制。首先，市场需求、科技发展水平和市场竞争是激发和保护企业家精神的企业外部动力机制中的强机制。企业目的是盈利，是不断扩大再生产以获得源源不断的经济利益。市场需求决定了企业份额与企业发展方向，科技不断发展推动企业不断进行产品的更新换代与技术变革，市场激烈竞争更是成为企业采用新的生产理念、生产质优价廉的产品的原动力，从而激发了以创新作为核心要素的企业家精神。东北三省面临着市场需求份额不

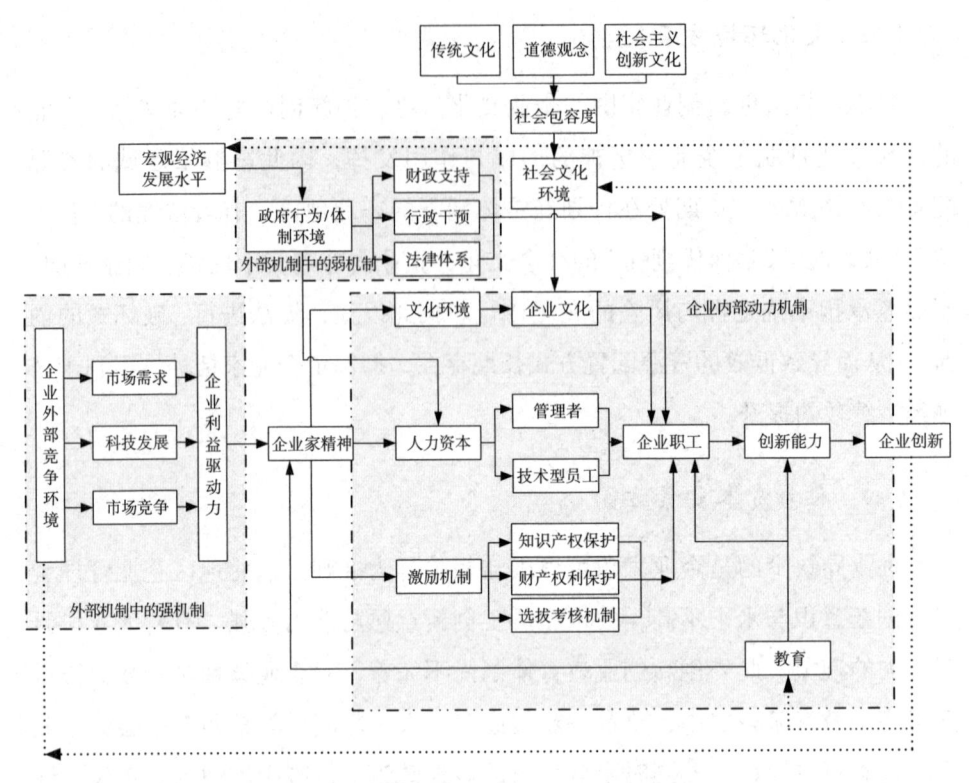

图7-2 企业家精神发展的内外部动力机制

高、科技成果转化落地难和单一化结构导致市场竞争不充分的境地,仍需要不断鼓励支持引导非公有制经济发展,不断培育新市场主体,以不断激发市场活力。其次,激发和保护企业家精神的企业内部的动力要素。包括人力资本(企业主体及其管理者)、激励机制(知识产权、财产权益保障及选拔考核任用机制)和文化环境因素(企业文化和社会文化),其直接作用企业家精神培育过程。人是经济活动的主要承担者,企业管理者的创新意识与创新水平,以及技术型员工的创新意愿与创新能力,直接作用于企业家精神的培育过程。企业内外部激励机制将充分调动企业家创新创业的积极性,让财富创造的源泉充分涌流,从而有利于保障企业家精神作用的发挥。文化环境方面,企业家精神还会通过文化因素间接作用于个人主体。一个具有特殊企业文化、重视与激励员工创新的公司将有利于企业职工创新活力的积极发挥,从而激发企业家精神与活力。企业家精神在社会容错率低或者因成本考量而不支持创新的企业文化中难以为继。因此，为激发和保护企业家精神，我们要建立健全知识产权保护机制、企业家财产权利保护机制以及长效的企业家选拔考核任用机制、社会容错机制。最后，体制环境（政府监管与支持）方面，政府对富有创新活力的企业给予的资金或技术支持、强行干预的行为、相关法律法规的制度，也会对企业家精神培育产生影响。鉴于部分要素的产生、执行的不确定性，可作为企业外部动力机制里的弱动力机制。以上基本总结了激发和保护企业家精神的内部与外部的动力机制，以后会进一步进行补充与说明。

三、东北三省激发和保护企业家精神机制的不足

在取得诸多成效的同时，我们也应该看到，东北三省在激发和保护企业家精神方面，仍然存在很多不足。以下将从财政支持、产权保护等方面进行阐述。

（一）财政支持后劲乏力

近年来东北三省极力推进政府改革，出台一系列普惠金融等发展措施，但在具体推行与落实过程中较为艰难。具体表现为：要求高、难执行，风险把控难以预估，官员难作为，以及央行、银监局的不良率加杠杆后的零容忍机制。部分企业依旧面临融资难、融资贵的问题，上市企业数额偏低且基本维持不变，可见政策的实际应用在东北三省举步维艰，辅助的配套设施设计也应得到进一步优化与提升。

（二）产权保护政策亟待完善

东北三省仍然存在产权侵犯事件，值得我们广泛关注。这是对市场经济的干预和对企业家积极做事的严重打击，从而抑制了企业家精神的发扬。因此，应大力弘扬企业家精神和工匠精神，降低税收负担，鼓励创新创业，建立服务型政府，从而促进东北地区企业家精神的发扬。

（三）人财外流

东北地区还面临着人才流失、资金外流、不利于创新创业的监管机制与"中正不作为"文化习俗的束缚。从2018年开始各省出现抢夺人才的大战，"得人才者得天下"成为各省逻辑，一、二、三、四线城市均有涉及。广州放宽引进人才入户条件，简化落户申报流程；天津市"海河英才"行动计划规定，满足条件的人才携身证证、学历证可直接落户；杭州、武汉、成都、郑州、西安等地也都出台优厚的优质人才落户计划。而东北三省人才外流现象严重，人才引进的福利待遇更是无法与经济发达省份相提并论。在"投资不过山海关"的情况下，资本外流，不利于当地经济发展；对于监管与激励机制的问责不到位，无法形成"鼓励做事"的文化氛围，"守成"思想现象突出；同时，创新创业教育发展不足，各大高校开办相关课程的举措仍需进一步落实，促进本地创新创业。

第3节 国内外典型地区激发和保护企业家精神的经验借鉴

在国内各个地区、国外各个国家都积极推动企业家精神发展的基础之上，国内外涌现出一批企业家精神活跃的地区。研究该典型地区的企业家精神激发和保护的策略，并总结相关经验，对东北三省企业家精神的激发和保护有着重要而深远的意义。以下将从国内与国外两个层面展开分析。

一、国内典型地区激发和保护企业家精神的经验总结

（一）深圳市

深圳市作为中国的对外开放窗口，坐落于经济发展排名前列的广东省，一直以来以改革创新为发展的重要驱动力，一跃成为中国GDP排行前十的城市之一，整体营商环境向好。这与深圳降税降费、给予中小企业大量资金支持、简化行政审批流程、改善城市信用体系密不可分。降税降费与资金支持

方面，2017年11月，《深圳市鼓励总部企业发展实施办法》出台，对引进总部企业最高给予1000万元的奖励以及总部自用办公用房企业10%、最高5000万元的一次性补助；针对不同阶段的中小企业进行诸如改制辅导等不同类别的资金补助；此外还在人才安居、企业核定流程、知识产权保护方面提供相应支持政策；以区域性股权市场运营机构为平台，改善市场底层信用环境。

深圳市激发和保护企业家精神的举措，为东北三省提供了如下的启示：

第一，多管齐下破解融资难问题。政府信誉背书，利用"互联网+"的现代科技与云平台大数据的分析筛选优质客户以满足中小企业信贷需求；搭建金融业服务平台并整合政府多部门联动性数据以促进信息公开，提高融资服务效率与水平；分担中小微企业信贷风险，以中小企业信贷、担保风险补偿代偿等手段降低融资性风险。

第二，贯彻落实国家降税减税提议，推进所得税减免、研发费用扣除等相关减税政策的落地实施，提升创新税收征管和纳服品质。通过对中小企业、民营企业的税收减负，进一步增强企业活力与创造力，激发经济增长的内生活力。相关数据显示，2018年1—8月，深圳市企业所得税共减免税1434亿元，同比增长14.63%。其中，有1457户纳税人享受研发费用加计扣除优惠政策，同比增长222.5%；加计扣除金额达到2.69亿元，同比增长64.59%，为企业减轻税负超过178亿元。

第三，完善契约型社会、诚信型社会建设并进行相关试点的创新尝试。深圳市利用特区先行先试的政策优势，积极推进契约社会试点建设，利用"互联网+"的云数据大平台综合构筑社会诚信体系，推动智慧型政府政务信息平台、网络智慧型数据平台建设，构建个人、团体组织、企业、法人、社区等的一体化信用数据互联与监管的联动平台；推动深圳宝安区"宝安信用网"、"宝安通"和"信用宝安"等App进行个人信息追踪查询以及民生领域的应用；推行"企信惠"项目建设并以企业信用数据、无线电子标签为中介进行信息共享、惠民利民，实现消费者、商家和政府监管部门的互联互动，优化整体布局并促进行政管理水平与效率的提升；探索企业"信用画像"综合监管机制，发挥前海蛇口自贸片区先行先试的优势，对该区域进行企业的信用体系挖掘分析并建立评级机制，最终实现"大数据精准扶优、大数据驱动监管"的目标。

第四，容错机制的构建与倡导"鼓励创新、包容失败"的城市文化观念。企业家即梦想家，是打破固有生产要素并进行创造性破坏、进行生产要素重新排列组合的人，是敏锐觉察机会的先行与先驱者。企业家精神的核心精神之一，就是"敢为天下先"的冒险精神。深圳作为中国对外开放的窗口，拥有特区立法权，对于改革创新工作未达预期效果的相关负责人，法律规定可以免于追究有关人员的责任，为敢于担当的干部进行了站台撑腰，以鼓励"能干敢干""积极进取"的政府行为与企业行为，允许先行先试、搞试点、摸着石头过河，以支持创新创业、形成企业家能干敢干的氛围。

（二）北京市

北京市作为国家首都，拥有政治、经济、科教、文化等一系列相关优势，企业家精神发展水平居于全国前列。近年来，北京市就优化营商环境、改善企业家现状、提高政府服务水平上展开一系列措施。2018年3月，北京市27个单位联合制定营商环境"9+N"系列政策措施，聚焦办理施工许可、开办企业、获得电力、跨境贸易、获得信贷、财产登记等10个重点环节，按"三精简一透明"原则，努力为企业创造效率最高、服务最好的营商环境。发行创新券，2017年市科委已发放1.3亿创新券，为1100家企业和100多个团队提供服务；推动引导基金建设，共成立11支引导基金，规模达1600多亿，资金将投入中小企业的早期发展中。

北京市激发和保护企业家精神的举措，为东北三省提供了如下的启示：

第一，搭建企业家交流平台，提供良好创新创业环境。北京市不断推动产学研一体化建设，发挥自身人才优势建立产业孵化园区并搭建资源平台，以营造东北地区创新创业与鼓励做事的氛围；

第二，充分发挥教育大省的优质人才资源优势，培育优秀企业家精神。北京市在劳动力资源供应数量与质量方面一枝独秀，全国大量人才流入，也具有竞争力的待遇与薪酬吸引力；充分发展高质量增长的高新技术产业，完善相关人才制度、政策安排，吸纳优秀人才融入到创新创业大军中去，成就新时代企业家的集中地，活跃了当地的企业家精神氛围。

第三，提高行政审批效率。北京工程建设项目一窗服务试运行，14部门审批事项"一窗受理"，民政局社团"一门一网一章一次"，有力提升企业办事成本，激发企业市场主体活力。

（三）上海市

上海市作为中国的不夜城，经济实力不容小觑，长期入选中国大陆城市企业家精神排行榜前五名。市政府先后出台了《上海市促进中小企业发展条例》等文件，推出小票据贴现中心等措施，不断改善融资环境。此外，成立中小微企业政策性融资担保基金，并成立基金管理中心，健全运作机制，启动"银税互动"机制，实现银税信息共享。深入实施"专精特新"企业培育工程，举办政策辅导、融资路演、产业对接等活动；推出"千家百亿信用担保融资计划"，为专精特新中小企业提供无抵押担保贷款；首创中小企业服务机构第三方评估，引入第四方稽核。上海市充裕的金融资源与较高的资金使用效率，为东北激发和保护企业家精神提供了许多经验借鉴；另一方面，上海市公共服务水平的质量与水平位居中国前列。上海许可在沪企业降低工商登记条件，节约企业运用成本；上海在全国率先实现社会组织法人登记证、组织机构代码证、税务登记证"三证合一"，简化手续流程提高政府办事效率；完善了人才落户积分化户籍制度改革的人才引进政策与基本社会保险制度体系，上海市主要社会保险参保率高于全国平均水平且不断提高。

二、国外典型地区激发和保护企业家精神的经验借鉴

国外企业家精神的培育机制相较而言略为完善，也值得创新创业沉寂的东北地区参考与借鉴。根据世界银行《营商环境报告2020》数据显示，由于我国大力推进营商环境优化改革，中国营商环境全球排名继去年大幅提升32位后，今年再度跃升15位，位居全球第31位。

根据上文提出的理论框架，下文将从体制环境要素（政府行为）、激励机

制、文化环境要素和人力资本要素四个方面,阐述欧美国家对激发和保护企业家精神对东北地区的借鉴意义。

(一)体制环境

欧美国家政府支持及其配套措施对企业家精神的培育起到重要作用。各国政府在法律、政策和行动计划层面上鼓励支持引导企业家培养与其相关的创新创业活动,提供了企业家成长所需的法律制度运营环境;对相关企业经营活动进行较少的干预活动,美国甚至允许部分企业涉足、生产涉密性军工企业以及高新技术产业诸如航空航天等领域;并对创新产业活动进行大量资金支持。2012年美国的创业企业融资法案、中小企业管理局、创业投资基金、多元化财政支出等的法案、机构、投资公司与财政支持,全方位对中小企业提供了一体化金融服务降低企业融资成本、促进新技术商业化发挥引领作用,从而降低创业准入门槛,有力促进企业家精神作用的发挥。

(二)机制环境

欧美国家有完善的知识产权保护机制、财产权利保护机制以及相应的企业家选拔考核绩效机制。美国对知识产权保护的历史源远流长。1789年《美国宪法》即有关于专利与版权立法的相关授权条例,侵犯知识产权将以重罪立案严审并处重罚。在财产权利保护方面,将私有财产神圣不可侵犯写入宪法并进行保护,1763年威廉·皮特在《论英国人个人居家安全的权利》中提到"风能进,雨能进,国王不能进"的关于产权的脍炙人口的论断,成为产权保护的标杆。在选拔考核任用机制上,重视对企业家自主经营权的保护,行政干预较少,企业人事任命干预较少,企业家精神得到进一步保护与激发。

(三)文化环境

欧美国家积极鼓励创新创业思想,为企业家精神的培养奠定了良好的文化基础。社会文化、企业文化对企业家团队的产生起着重要作用。一个封闭、保守、重官轻商的地域文化,绝难培养出开放进取、拼搏创新、敢于冒险的企业家精神；而较高的开放度、包容度，使得勇于冒险、敢为人先、创新发展、服务社会的企业家精神更容易形成。

（四）人力资本要素

欧美国家重视个人、家庭、学校乃至社会层面的企业家精神教育，激励整个社会大力培养具有企业家精神的人才。欧美国家普遍尊重个人意识、谋求个性的发展，孩子在幼年进行初步的事物体验与尝试，并承担个人责任，进而培养独立意识、磨炼意志品质，对企业家精神培养起到至关重要的作用；从学校和社会的教育与支持层面看，企业家精神的培育贯穿了整个国民教育体系。美国、日本，以及英国、德国等欧盟国家对于企业家精神的培育除了传授相关知识外，也注重培养拥有独立意识与思考、追求卓越、不断创新、敢于担当的人才，从而增强学生的独立性、创造性、主动性，以增加未来成功创业的可能，从而激发和保护企业家精神。

四、国内外典型地区经验对东北三省的启示

国内外企业家精神发展水平较高的先进地区的一系列举措，为东北三省激发和保护企业家精神提供了宝贵的启示。具体如下：

第一，着力解决企业融资难、融资贵的困境。应根据东北地区发展实际情况，建立科学完善有效的融资政策制度框架，结合大数据云平台进行企业征信制度改革，不断改善民营企业融资成本较高的现状。

第二，加强人才强省建设，为企业家精神发展提供高端智力支持。提高人才工资工作待遇，尊重人才的创新创造能力，以真心实意打动人才，以便利的社会基础设施留住人才，从而提升经济发展内生动力。

第三，积极推进廉洁高效政府建设。用大数据平台精准提升政府办公效率，简化行政审批手续流程，助推企业轻装上阵，不断提升政府为企业为人民办事的能力与水平，借助"互联网＋政府服务"优化服务质量，提高政府服务效能。应努力推进"一窗受理、集成服务"的廉洁高效服务型政府建设，推行推广一次提交、同步办理、信息共享、限时办结的办事流程，以鼓励企业

创办、激发市场主体活力与内生增长力。

第四，创造适合企业家精神发展的体制环境。既要积极运用财政政策鼓励促进企业家精神发展的活动，又要完善相关法律法规，减少不恰当的政府干预，要通过多元化的财政支出为企业的活动提供支持。

第五，优化激励机制以培育企业家精神。从报酬激励、精神激励、培养选拔考核机制、产权保护等方面不断优化并提升企业家队伍的建设与素质的整体提升。

第六，建立崇尚企业家精神的文化环境。文化环境作为一种软制度安排，在一定程度上是对正式制度的补充、修正与发展。要在全社会形成鼓励支持文化创新的氛围，宣扬优秀企业文化与社会文化，倡导"敢为天下先"以及工匠精神等优秀企业家精神文化。

第七，高度重视人才的培养工作。一方面，政府应重视个人、家庭、学校、国家层面的企业家精神培育工作；另一方面，要制定和完善相关教育制度来培养职业技能型的、富有企业家精神与才干的人才。

第 8 章

高质量发展背景下企业成长营商环境优化建议

根据国内外发展经验，东北地区激发和保护企业家精神的关键是要形成体制环境要素（政府行为）、激励机制、文化环境要素和人力资本要素四位一体的全面协调机制，提高治理水平。在新一轮东北老工业基地振兴中，必须以体制环境要素、激励机制、文化环境要素和人力资本要素在内的企业家精神机制构建为基础，以供给侧结构性改革、产业升级与创新驱动为重点，来营造有利于激发和保护企业家精神的内外部环境。唯有如此，才能从根本上真正实现东北全面振兴、全方位振兴。现阶段东北三省激发和保护企业家精神要发挥政府制度创新、文化创新、促进人力资本发展等组合动力的作用。具体对策如下：

第1节　改进激发企业家精神的政府行为

一、财政支持

指政府为鼓励支持创新创业、培育企业家精神而付出的国家财务成本。东北三省政府要进一步出台鼓励创新创业的相关政策法规，并给予企业相应的财政资金补贴，诸如大学生创新创业补贴、国家创意产业园区孵化器等等，以及小微企业资金贷款、部分税收减免等相关政策文件条款，从而进一步促进东北三省企业家创新创业，并为激发和保护企业家精神提供精神动力支持。但与此同时，还应考虑到政策的适配性，不断增强对新型初创企业的支持力度、进行部分税收减免并最终为激发和保护企业家精神创造良好的外部条件。

二、加强行政监督力度

比如是否存在不透明的经济环境、人治大于法治、以政府政策进行行政管理而又以领导意愿代替政府政策的现象，以及相关的营商环境建设是否到位。东北三省政府要全面贯彻落实依法治国的基本理念，不断提高为企业家服务的能力和水平，防止数字出官、官出数字的行为，不断优化办事流程与审批手续，做到有用政府与有为政府的统一。

三、公正的法律体系建设

应加快转变政府职能，进行服务型政府转型升级改造，进一步简化办事流程与审批流程，建立法治化、规范化政府，公开权力运行流程，消除公共权力寻租腐败空间，创造投资有商机的良好环境。强化权力问责方式，完善契约社会、法治社会建设，不断改善东北三省营商环境，吸引更多有志之士来东北地区考察投资，以进一步激发、保护当地企业家精神。

第2节 充分发挥激励机制的作用

一、建立完善的知识产权保护机制

知识产权保护机制保护企业创新成果，从而有利于东北三省企业家精神的激发和保护。由于知识具有较强的外溢正外部性，使之具有公共物品特征，导致投入高产出低的高风险性，因此应当构建一套激发和保护企业家精神的创新成果外部性补偿机制。东北地区应着力完善知识产权保护制度，保护企业创新成果，使专家学者、初创企业家有更好的创新创业激励，因创新创业获得更多收益，让企业家精神更多地配置到生产领域，增加企业创新与社会创新。东北三省应参考市场价值完善创新产品定价，保护企业的合理经营权以及经营的自主权，减轻企业被侵权的心理负担，以不断增强企业家发展的恒心。

二、运营良好的财产权利保护机制

良好的财产权利保护机制是指有良好的维护市场运作的法律体系，诸如维护作为稀缺资源的企业家的人力资本产权、人身利益以及合法经营的权利。这些为激发和保护企业家精神提供了外部的生存环境,运营良好的财产权利保护机制让东北地区企业家有良好和稳定的预期,从而有益于激发和弘扬企业家精神。预期来源于对产权的有效保护。由于不当的政府干涉以及与民争利的政府行为,民间投资对东北地区信心不足,不敢大规模大范围投资。企业家产权一旦得不到有力保护,那么"无恒产者无恒心",企业难以持续不断地稳定经营与持续地管理改进、科技创新,从而不利于整个地区企业家精神的激发与保护,使得东北地区成为创新创业的沉寂地区。要从多个方面多个维度来加强产权保护意识与产权保护水平,出台一系列法律措施与具体的行动指南来保护大中小国有民营企业的产权,不断增强东北地区产权保护的力度。时至今日,东北地区仍然存在侵犯产权的事件,产权保护也仍是东北地区的薄弱环节与突出问题。因此东北三省必须采取手段加以克服与整改,更好完善产权保护制度,织密产权保护屏障。

三、充分保障企业家经营自主权

充分保障企业家经营自主权并且构建更加合理的选拔考核绩效机制。只有充分保障企业家经营的自主权,才能够充分激发企业竞争力与活力、激发经济增长的内生活力,充分发挥企业家能动性作用,从而激发企业家精神。政府可以通过标准制定、政策激励引导推进产业结构转型升级,但应根据市场结果、考虑实际市场行为并符合国家法律法规,在充分尊重企业家判断情况下进行,而不是对企业经营过度干预、越俎代庖;尊重企业内部的培养选拔机制、人事任免、薪酬激励与流动机制,而不是空降高管、接管人事任命权,从而构建更加公平合理的选拔考核绩效机制,激发和保护企业家的创新能动意识与水平。

四、充分发挥容错机制与帮扶机制的推动作用

所谓容错机制,是指在特定情景下允许一定条件的错误发生的机制。而

创业的高风险性，决定了优秀企业家精神的激发离不开容错机制。"敢为人先、宽容失败"的社会包容文化，应得到进一步解放。同时，无论是在科学研究、政府担当还是在创新创业领域，都需要合理区分"先行先试的失误"与"乱作为的错误"、"无明确法律改定的探索性试验偏差"与"明令禁止的我行我素"、"推动发展的无意过失"与"谋取私利的违法乱纪"。要遵循客观市场规律、现实法律法规，既允许"摸着石头过河"的先行先试，也要划清谋取私利行为的底线，在底线之上有创新的空间，建立完善的容错机制，从而进一步促进东北三省企业家精神的激发和保护。

帮扶机制，对企业家成长也起到正向的激励作用。应积极开展分层培训提升技能、建立多重平台帮扶企业家创新创业、引入社会资本谋求合作共赢，为企业家搭建完善的创新服务体系。针对不同阶段企业家的不同需求，不断建立健全东北三省的创新创业帮扶网络，不断促进企业家精神的发展与进步。

第3节　提倡创新创业开放包容的社会文化

一、努力营造有利于激发和保护企业家精神的社会文化环境

东北三省要不断努力营造有利于激发和保护企业家精神的文化环境。长期处在计划经济机制下的东北三省，有着浓厚的"官本位""铁饭碗""学而优则仕"的思想，人们偏安一隅、安于现状、因循守旧、不愿意承担不确定性与风险，从而影响了人们发现机会与创新创业行为，无法进行"破坏式的创新"从而导致低效的资源配置方式长期存在，抑制了东北地区企业家精神，不利于区域经济绩效的提升。

一方面，要大力弘扬优秀的"闯关东""北大荒"精神和传统文化，诸如踏实进取、兢兢业业、自强不息等与企业家精神相契合的因素；另一方面，要倡导"先行先试""敢为天下先"的文化氛围，并建立合理的规则鼓励创新创业、通过相关平台进行宣传，提高创新创业者的社会地位，给予更多的鼓

励包容与支持,并加强与外地文化的交流与合作,通过重塑当地文化氛围,来提升和弘扬东北地区的企业家精神。

二、引导人才树立正确的就业取向

从就业取向来看,追求体制内工作成为东北三省就业取向的重要价值观念。过分追求铁饭碗的价值取向与社会文化,导致了人们的被动态度与锐意进取的创新创业能力、对机会与风险的感知能力的不足,从整体上不利于企业家精神环境的激发与培育,影响了人们对机会的敏锐察觉和对市场的不断开拓。因此要引导人才树立正确的就业取向,打破"铁饭碗"的价值取向。

第4节 不断提升企业家人力资本

人是所有要素中最积极、最能动的要素,也是所有的资源包括合理的体制环境、激励机制、金融财政支持等的最终整合者,是激发和保护企业家精神的最核心要素。资源整合不是简单的加减,而是变革性的升级改造,企业家最终对整个经济体转型升级起到重要的推动与决定作用。

一、强化人才留用与引进政策

东北地区长久以来作为人口的净流出地,是"孔雀东南飞"的主要迁出地。虽然东北三省有着数量众多的高校、科研研发能力较强,但因为总体经济发展水平不高,对人才吸引力以及重视程度不够,导致人才科研双流失。因此,东北三省应进一步强化人才留用与引进政策,完善落户等相关的一站式服务,在全社会营造尊重知识、尊重人才、尊重企业家的社会氛围,以真情实意、虚怀若谷的态度打动四方有识之士,使他们参与到东北地区经济发展的大军中去,促进高知们创新创业、能力发挥,提高东北发展水平与企业家精神发展水平。

二、完善教育创新创业体制

东北三省应进一步完善教育创新创业体制。向欧美发达国家学习，从娃娃抓起，通过教育立法等相关制度法规，进行创新意识的启蒙。对企业家精神的教育应贯穿于多个教育阶段之中，要进一步增大对个人、家庭、学校乃至社会的创新教育重视程度，同时出台相应的落地政策，以减少本地人才流失、同时积极吸引优质人才。

第5节 进一步优化东北三省营商环境

营造良好的营商环境对于激发和弘扬企业家精神也至关重要。近年来东北地区营商环境问题引发多方关注，反映"重商轻官、结构单一、模式固化"的营商环境整体不佳的实际情况。可见东北三省政府在营造公平竞争环境等方面的公共服务质量不高，东北地区营商环境仍存在很大不足。

一、切实增强对实体经济服务的能力与水平

建立高位推动机制，统筹安排部署，部门联动，协同配合，构建持续优化营商环境的大格局，不断增强对实体经济服务的能力与水平。不吃拿卡要、不寻租腐败、不以权谋私、不与民争利，并倡导企业家精神的舆论氛围与社会风气，创造良好营商环境并进一步为高质量发展做出贡献。

二、完善服务型政府的政府职能

要进一步完善服务型政府的政府职能，不断简化政府行政审批手续，切实降低企业办事成本与时间成本；加快建设政务服务平台，打破信息壁垒，扩大数据共享，结合"互联网+"的现代科技手段，不断扩大政务服务领域的智能产品应用，最大限度地实现"一网通办""掌上办"。同时对于高新技术企业予以相应的财政补贴补助，优化创新创业的发展环境，为之保驾护航。

三、完善政商常态化沟通机制

以市场需求为导向，以人民和企业反映的突出问题为切入点，推动"办事不求人"落到实处。对标国际国内先进地区营商环境优化经验，取长补短，通过"制度＋技术"的约束，增强营商环境改革的刚性需求，全力提升营商环境便利度服务水平，促进"政府、企业、学校"共同合作，进而构建新型的"亲""清"政商关系，从而提升政府服务效能，不断提升市场主体的获得感。

第6节　异质性企业营商环境优化建议

水深则鱼悦，城强则贾兴，良好的营商环境是企业向更好发展的"活水"，也是经济蓬勃向上的"风向标"。企业所处行业、所具有的产权性质、所发展的规模大小决定了企业所拥有资源的差异、面对同一环境变化时的不同反应能力，区分企业的行业类型、产权性质、规模等级可以使营商环境的优化更具有针对性，从而提升企业在不确定环境中的组织韧性，增强发展动力，释放发展活力。

一、处于不同行业的企业建议

第一产业、第二产业、第三产业是社会经济的重要组成部分，但发展的侧重点、所需的生产要素不同，每一产业都有自己独特的营商环境要求，只有"对症下药"，才能更好地促进产业发展。

（一）第一产业

第一产业是衣食之源，作为国民经济的基础，关系着社会各部门的持续发展。然而，农业发展过程中还存在着"重商轻农"、基础设施不完备、政府运行机制不健全等局限，优化营商环境是解决这些问题的关键，也是农业农村高质量发展的必经之路。

1. 激发鼓励企业家精神

农业是一个投资回报周期比较长的行业类别,不仅需要大量的物质作为支撑,还需要企业家有敢于吃苦的精神,坚信从事农业一定大有作为。企业家是社会经济活动的重要主体,是社会的宝贵财富。东北三省发展农业有着得天独厚的自然条件,但与其他地区相比,条件比较艰苦,因此,要大力弘扬企业家精神,积极引导其投身到大东北农业发展、乡村振兴中来,增强企业家在东北振兴中的使命感、荣誉感;同时,要为企业家营造鼓励创新、允许试错的成长环境,形成合理的容错机制与创业氛围,为企业家的发展提供支持与保护。

2. 增强农村的硬实力与软实力

为鼓励更多的企业参与到农业建设中去,需要从基建设施、人才、文化资源、发展规划等多个方面为农业发展提供动力和吸引力。一方面,加强农村地区的基础设施建设,完善农村的医疗卫生保障机制,提高人民的生产生活水平。另一方面,为使得农民更好地参与到农村建设中来,要积极开展新型职业农民培训,培养有知识、懂技术的农民;同时,重视起对青年村干部的培养,鼓励优秀的大学毕业生回到家乡、建设家乡,为乡村发展建设提供智力支持,提升农业的营商环境水平,增强农业的发展活力。

3. 提升政务服务水平

深化"放管服"改革,简化办事流程,提高办事效率,打造一个便利便民的服务型政府。东北三省各地方政府近年来在政务服务方面取得一定成效,但仍需进一步提升治理与服务水平。通过数字改革,实现政务信息服务的互联互通,以更大的深度与广度进行"放管服"改革,坚持"多取消、审一次"的审批原则,加强责任清单、权力清单建设,最大限度地为人民提供便利。与此同时,要坚持科学行政、文明行政,询民意、听民声,提升服务质量,营造良好的农业农村发展的政务环境和法治环境,为农业发展搭建务实高效的政府服务平台,保护农业更好发展,助力乡村振兴建设。

（二）第二产业

东北三省作为新中国工业的摇篮地之一，具有良好的工业发展基础，但偏远的地理位置和惯性的计划经济思维成为工业没落的原因之一。与此同时，人才流失现象也是愈加严重，从而进一步阻碍了区域经济发展。因此，有必要对该区域营商环境进行优化，以提升东北三省的吸引力和竞争力。

1. 以市场为导向

目前，经济发展已经步入新时期、新阶段，需要企业转变固有思想，破除惯性的计划经济思维。在新中国成立初期，包括黑龙江省在内的东北地区，在计划经济的指引下工业企业取得了一定的成就，使得许多企业存在根深蒂固的计划经济思维。加强组织管理体制改革与企业的混合所有制改革，坚持以市场为导向，增强企业发展规划的弹性，在政府的帮助下，推进市场经济体系建设，共同营造一个尊商、重商、富商的市场环境，从而吸引更多企业家进行投资。

2. 深化产学研合作

一方面，加强高端人才的引进，加大高等教育资源的投入，不断健全教育支持体系，在全社会营造尊重知识、尊重人才、尊重企业家的良好氛围。另一方面，充分利用本土的高校科研优势，加强产学研深入合作，建立健全产学研合作运行机制，完善科研成果转化机制，使得人才培养与产业发展需求实现完美对接。积极推动工业园区、科创园建设，推行生产全领域的数字化建设，延长产业链，打造产业集群，实现知识、信息、技术共享，形成浓厚的科创氛围，推进工业经济高质量发展。

3. 加强政企银之间的联动

通过加强政企互动，建立新型的政商关系，建立政商交往"正面清单""负面清单"，形成良好的沟通交流机制，认真听取企业家的意见与建议，使政府决策更具有针对性。各部门政府机关需要树立人民公仆意识，真心实意为企业家提供服务与帮助，为企业发展提供更多优惠的政策支持。另外，资金是否畅通关乎企业发展的命脉，通过金融政策导向，向金融等有关部门释放积极的信号，增强银企之间的互动，打破企业融资瓶颈，优化企业的融资途径并扩大社会融资的影响度，从而营造良好的工业发展环境。

4. 推动产业实施"绿色革命"

制定绿色发展的相关标准，为企业实施绿色发展提供依据。在实施过程中，要加强监督与管理，加大对高污染高耗能企业的处罚力度，推动企业调整产业结构，使用清洁能源，加大科技投入力度，增加对相关绿色技术的改造，提高资源的利用效率，助力"双碳"目标的实现。此外，政府要进一步加强对碳交易的监督与管控，增强企业进行碳信息披露的主动性，加强碳排放数据的管理，通过相关的制度设计，推动形成一个健康合理的碳交易市场，促进经济的绿色可持续发展。

（三）第三产业

当前，中国进入服务经济时代，服务业既是供给侧结构性改革的重点，又是经济高质量发展的支撑点。然而，受疫情影响，服务业的发展遭遇寒冬，涉及餐饮、零售、旅游、金融等多个类别。租金、税收、疫情防控等成为影响服务业继续存活的关键因素。因此，要把握好服务业对环境与制度的高度敏感性，进一步优化营商环境，尽快帮助服务业走出发展困境，保障服务业在稳就业、促增长方面所发挥的功能。

1. 减税降费增信贷

疫情之下，企业发展面临巨大的资金压力。首先，要减税降费，比如房屋租赁费、保险费等，放松对服务业管制，缓解个体户等服务行业企业的经营压力，帮助企业渡过难关。其次，政府在出台补贴政策的同时，要改革金融制度，鼓励金融机构加大对企业的信贷支持，使更多的机构参与进来，为企业发展助力。最后，采取有效措施坚决制止乱收费等扰乱市场的情况，增强政府对服务业实施的纾困政策效果，确保政策达到预期目的。

2. 加强城市硬件设施建设

完善城市基础设施建设，构建现代化产业基础设施体系，提升城市的功能品质，优化营商环境。一方面，不断完善交通网络建设，加快数字化进程，优化商贸流通基础设施布局，提升运输效率，增强城市的便利性和吸引力，提高企业发展的自信力。另一方面，对城市的公厕、老旧小区、公共场所进行不断的改造，增强绿化建设，加强城市管理，改善城市的环境质量状况，更好地服务民生，提升人民的幸福感、满足感、归属感，提升城市形象，营造宜居宜民的城市环境。

3. 加强对投资者的保护

进一步完善知识产权评估与财产登记制度，加大合同执行力度，保护投资者的合法权益。成立专门的部门小组，严厉惩罚各种侵权行为，保护技术创新与知识创新，带动营商环境的整体提升，构建一个良好的竞争环境。通过多种类型的信息传播渠道，及时发布典型案例，统一裁判标准。探索建立非诉行政强制执行绿色通道，畅通案件办理渠道，捍卫投资者的权益，在社会上加大对知识产权重要性的知识普及与宣传教育，形成保护知识产权的良好氛围，使更多的主体参与进来，构建协同治理的权益保护机制。

此外，随着市场需求的渐进性驱动、技术创新的不断突破、政府政策的渗透性引导，产业间的融合发展趋势愈加明显。因此，要加强产业间融合发展，如"第一产业＋第二产业""第一产业＋第三产业""第一产业＋第二产业＋第三产业"等，这样的融合使得产业间能够实现优势互补，创造更多的价值，产生更大的经济效益，促进产业结构的优化升级，推动经济朝着高质量的方向发展。

二、不同产权性质企业的建议

国有企业与非国有企业先天基础不同，不仅存在经营目标的差异性，而且企业家的创业精神也存在着显著差异。因此，要根据产权性质的差异做出不同的营商环境改进要求。

（一）非国有企业

1. 多角度进行政策支持

非国有企业较少地享有政策带来的红利，对于政策带来的便利性有着更高的敏感度。因此，应进一步营造高效便捷的政务服务环境，从融资、税负、行政审批等角度实施良好的引导政策，为非国有企业提供更多的发展机会，持续增强包括民营企业在内的非国有企业在我国经济增长中的贡献力，降低非国有企业在不确定环境中所面临的风险压力。

2. 营造良好的创新创业环境

除了政府效率外，还要重视人力资源、双创环境的改进。非国有企业的发展需要营造一个良好的创新创业环境，加快"双创"示范孵化基地、创业园建设，为人才的发展提供一个充满吸引力的平台，推动形成"大众创业、万众创新"的良好社会风尚，充分发挥企业家精神在企业发展中的重要作用，迎难而上、敢于探索，促进社会的健康发展。

3. 建立公平的法治环境

要加强市场经济的法治建设，不断完善相关的反市场垄断等法律法规，致力于市场的公平有序，对于违法行为进行严厉打击。政府同时要以身作则，健全权力运行与监督机制，打造一个廉洁高效的阳光政府，处理好政府与市场的关系，坚持以市场为主、政府为辅的原则，为企业营造一个公平健康的市场环境，为非国有企业的发展保驾护航。

（二）国有企业

国有企业作为国民经济中的中坚力量，拥有更大的潜力和发展优势，虽然有更多的人力、资金、政策等方面的优势，但往往承担的是一些政策性任务，未能与市场做到有效的衔接，且在市场中缺乏强烈的忧患意识。

1. 健全市场经营机制

要同时推进内部改革和外部营商环境的优化，在生活服务功能与生产功能之间找到平衡点，培育企业家的责任意识与担当，增强在市场经济活动中的主动参与性，引入市场机制，鼓励公平竞争和创新竞争，提升企业的创新力与发展效率，促进经济的高质量发展。通过市场化改革，由市场决定资源的配置，使人力、资金、技术等资源转移到营商环境好的发展地区，使社会资源得到更加合理的配置，提升资源的利用效率，减少资源错配带来的发展障碍。

2.增强管理服务能力

按照"在服务中监管,在监管中服务"的原则,最大限度释放国有企业的发展优势。一方面,进一步厘清权责边界,做到不越位、不缺位,提升企业的自主经营能力。另一方面,优化监管方式,根据不同的企业属性,对企业实施科学的法治化管理。此外,推行数字化政府,提升政府的社会治理水平与社会服务能力,为企业发展提供更多"阳光雨露"。

三、大中小型企业营商环境优化建议

企业能力的形成源于企业发展过程中所积累的各种资源,企业规模的不同一定程度上反映了企业的市场反应能力、发展能力、竞争能力的差异性。因此有必要对企业规模大小进行细分,进而提出有针对性的营商环境优化意见。

(一)中小型企业

中小企业是科技创新的"生力军",是推动新旧动能转换的重要力量,在促就业、稳增长、提质增效中扮演着十分重要的角色。中小企业具有"船小好掉头"的特点,对环境有着较强的适应性,但也存在融资、产权保护问题。因此,为促进中小企业更好发展,需做到如下几点:

1.营造富有吸引力的营商环境

营商环境的优劣很大程度上决定了一个地方招商引资的成效,要营造充满机遇与挑战的营商环境,为企业、人才出台一系列满足切身利益的政策,提升各部门的办事效率和服务质量,积极解决企业发展过程中的痛点、难点问题,使得中小企业有兴趣参与进来,进而释放中小企业的发展活力。

2.纾解融资困境

中小企业仍然面临着融资难、融资贵的问题,要给予中小企业优惠的金融政策,纾解其融资困境,为其搭建好的发展平台,使其更有信心与底气在市场中乘风破浪。同时,建立市场化的发行机制,通过数字金融增强双方信

息的透明度，使资金需求方与资金供给方之间进行有效的对接，减少由于信息不对称带来的问题。此外，还可以通过政策引导，使更多的金融资源向成长型的中小企业进行倾斜，从而加大对中小企业的资金支持。

3. 加大产权保护力度

加大对中小企业的产权保护力度，突出中小企业在自主创新中的主体地位，激发企业家的创新创业精神，助力中小企业发展，为经济社会高质量发展提供法律保护。加大对中小企业信用信息的保护力度，建立企业诚信经营机制，实施失信黑名单制度，提高侵权的违法成本，采取从严治理的对策。严格落实罪刑法定的原则，打击恶意拖欠中小企业账款行为，依法保护企业产权及其人身安全，使得中小企业可以安心谋发展。

（二）大型企业

相比于中小企业，大企业拥有其所不具备的资源、技术、资金等优势，要充分发挥大企业在经济创新发展中的骨干力量。但同时，大企业也面临着比较复杂的市场竞争压力，需要不断优化营商环境。

1. 加强企业内部改革

企业越大，内部关系越复杂，存在的风险就越大。因此，要进行内部改革，加强对企业内部的监督与管理，及时精简机构，去除冗余，提升企业管理水平，优化内部组织结构，积极引导企业进行内部流程改造，避免官僚主义的滋生，提升组织效率，从而更好适应外部环境的变化。

2. 培育核心竞争力

大企业处在一个充满不稳定、不确定的国内国际环境中，要想得到持续稳定的发展，需要培育企业的核心竞争力，帮助企业家提升创新能力和战略眼光，重视起技术创新和管理创新，提高企业的科技创新水平和管理水平，推动企业走向国际化，增强企业在国际市场中的竞争力。

3. 建立新型政商关系

政府要充分尊重大企业的经济地位，积极听取他们在行业前沿得来的经验，处理好政府与企业之间的"清"与"亲"的关系，增强服务企业的能力，从而更好地支持大企业的发展。同时，要搭建起企业与社会沟通的桥梁，增强企业服务社会的责任意识，使企业在承担社会责任中实现社会价值，从而树立良好的社会形象，促进企业与社会的共同进步。

结 论

企业家是微观经济的细胞，是推动经济高质量增长的重要助推力。而企业家精神作为现代市场经济核心价值取向，是促进东北地区经济高质量增长的重要因素，激发、保护企业家精神是创新创业沉寂的东北地区实现全面振兴的必由之路。激发和保护企业家精神，离不开相关的体制环境、激励机制、文化环境以及相关的人力资本提升。

本书在总结相关理论和进行东北三省现实分析的基础上认为，企业家精神构建除了受国家宏观经济发展水平、企业自身追求盈利的本能影响外，还受到包括政府直接市场参与行为（诸如财政补贴、行政干预）、营商环境构建和相关法律体系（市场准入机制等）的企业外部动力机制的干预，以及包括企业内部的激励机制、人力资本和企业文化的企业内部动力机制制约。企业内外部动力机制合力影响并作用于东北三省企业家精神的激发与保护，对企业的发展产生深远影响。

（1）企业家"双创"精神能够显著促进企业成长。从高阶梯队理论来看，企业家精神是企业内在的发展动力，更是企业外部的发展机遇，正是通过不断传递的机制，最终缔造出企业的核心竞争力。相对于企业家精神较低的企业来说，企业家精神越高，企业家就越敢于突破常规、勇于创新，积极发挥自身优势，整合企业资源，制定一系列符合企业持续发展的长远规划。新时代唯有投入到创新创业的洪流之中，通过在危机中实现创新来将企业提升到一个新高度，才能依靠核心竞争力在更广阔的领域获取更多的收益，提升企业价值。

（2）企业家创业精神与企业成长性存在先降后升的 U 型关系，当企业家创业精神位于横坐标"32.194"时，企业成长性达到最高点，而后出现下降；企业家创新精神则与企业成长性之间同样为先升后降的"倒 U"型关系，企业家创新精神则同样呈现先升后降的"倒 U"型关系。这说明在一定程度上企业成长性必须与企业家精神相匹配。企业家勇于创新、敢于打破常规的精神能够促使企业不断积累适应动态环境的能力，培养企业可持续竞争能力，进而促进企业成长。但是，当企业发展到一定阶段之后，受企业内外部诸多因素的影响，企业家创新精神发挥的积极作用带来的优势不足以支撑企业现阶段的发展趋势，此时企业家创新精神与企业成长间的关系将会出现阈值。这一观点进一步印证了田虹[249]等学者的研究，即适度企业家精神更能促进企业成长。当企业家精神程度较高时，为了维系来之不易的成果，避免受到创新失败、市场风险的影响，企业家更愿意采取"保守"的经营策略，出现企业规模不经济、生产经营成本上升，从而导致企业盈利较低或者更少，企业成长性也会出现明显下降。

（3）营商环境正向调节企业家"双创"精神与企业成长性的关系。营商环境越高，企业家"双创"精神与企业成长性的曲线关系愈发陡峭。随着企业家创新精神的不断提高，企业家创新精神与企业成长性的关系虽然由负转正，但是企业家创新精神可以借助良好的营商环境来获得较好的成长能力。这说明，在良好的营商环境趋势下，企业家创业精神才能推动企业实现可持续发展，研究结论很好地印证了"大众创业"的论断。新创企业初期，创新能力不足、资源整合不到位一系列问题均会影响企业成长。产业组织理论认为，市场经济的本质是通过合理的竞争机制提高资源配置效率。随着时间推移，新创企业家逐渐适应当前所处的市场环境，积极寻求市场机会，开拓新市场，配置企业优势资源，加大产品研发力度，进而获得高额收益，促进企业快速成长。由此可见，优化营商环境至关重要。通过优化创新创业的体制环境，能够提升企业自主创新能力，激发大众创业热情，促进企业发展。

（4）企业是否国际化经营是影响我国企业成长性的一个重要因素。随着我国市场经济的不断完善，走出国门对我国企业成长的促进作用逐渐降低，负面效应日益显现，主要表现在东道国市场设定关税壁垒、抢占市场资源，挖取高端管理、技术人才。但是我国企业跨国经营所引进的先进技术和生产经验，仍然能够对我国企业产生借鉴意义，关键在于如何正确引导、助力我国企业走出国门，参与国际市场竞争，吸收东道国优势资源为己所用。此外，中国企业"走出去"参与国际市场竞争，是彰显大国企业风范的壮举，对我国企业发展具有重要的促进作用。但是研究结果显示，国际化经营对企业成长产生一定的抑制作用，其原因可能是企业开展国际化经营活动，资源投入的积极作用尚未体现出来，因此迟滞了企业成长。随着全球化程度的不断加深，假以时日，中国企业开展国际化经营活动时，定能够未雨绸缪，构建一套符合我国企业可持续发展的动态体系，促进企业健康成长。

（5）基于粤港澳大湾区公布的35个大中型城市营商环境数据，以城市匹配方法获得沪深两市A股上市公司样本，探讨风险承担对企业绩效的影响程度，并深入分析营商环境在风险承担与企业绩效关系中的作用机制，实证结果表明：①风险承担与企业绩效显著正相关；②营商环境对风险承担与企业绩效的关系存在调节效应，且存在显著的三重门槛，对风险承担与企业绩效间的关系具有分阶段的不同调节效应。

目前，整个东北地区的企业家精神指数偏低，存在区域创新意识薄弱、行政体制僵化、新市场主体培育不足、人才流失以及文化软约束等不利于激发和保护企业家精神的问题。在结合国内外先进地区和发展经验的基础之上，本书认为东北三省应不断改进包括增大财政支持、减少不正当行政干预、完善法制建设的企业家精神的制度环境，完善包括产权保护充分、经营自主权不受侵犯、良好的选拔考核及流动机制与知识成果保护充分等激励机制，不断努力营造创新创业开放包容的文化环境，不断提升东北三省企业家人力资本，完善创新创业教育体制与人才吸引机制，不断改善营商环境，建立容错机制与帮扶机制，为东北振兴在新时代下激发和保护企业家精神、实现经济高质量增长提供助力、添砖加瓦。

研究不足与展望

通过对网络及文献资料的搜集整理，然后对影响东北三省营商环境的相关资料进行梳理，我们列出问卷调查中可能涉及的基本问题和各种可能的选项，再进一步通过专家咨询法对个别问题的细节进行了修订和改正，最终确定正式调查所选用的调查问卷。但是受调查问卷内容的限制以及问卷受访者主观因素等的影响，研究成果仍存在以下三个方面的不足：

第一，调查结果存在一定的局限性和不确定性。具体表现在对不同调研对象数据的收集，特别是企业和企业家对制度环境需求的数据收集，企业家可能会碍于政府层面而刻意回避调查问卷中部分内容，致使调查结果出现偏差。

第二，由于受当地企业对营商环境期望值差异的影响，调查结果所显示的营商环境并不能很好地代表当地营商环境的便利水平，不同性质的企业对营商环境的认知存在一定差异。

第三，在对各调查对象问及本企业出现的经营困难时，大部分企业报忧不报喜，认为本企业目前在供应链中断、市场放缓等方面存在很大的困难，这种结果产生的直接影响是调查结果不够全面，对营商环境持续优化的具体细节把控较为欠缺。

通过不同规模企业访谈发现，为渡过难关，中小企业商业策略多随短期市场需求导向而定，易受环境制约，对于中长期发展缺乏思考。另外，与规模以上企业相比，中小企业影响上下游决策的能力有限，进一步导致转型升级困难。其核心的问题一是现金流压力，二是产业链贯通。因此，未来可考虑如何在资金流环节减免税费、打通产业链上下游方面持续深入优化营商环境。

附　录

附录1　营商环境建设调查问卷

您好！

感谢您参与本项目研究。"投资不过山海关""振兴东北"等字眼萦绕我们好多年，我们究竟差在哪儿呢？本调查主要是想了解您对当地的和自己所处环境的看法。请您根据个人的生活经历和情况，尽可能准确地回答下面所有问题。问题答案无对错之分，请不要担心。所有信息匿名收集，不会涉及您企业的商业内容及个人隐私，调查结果仅用于学术研究。感谢您的支持！

一、基本情况

1. 您的性别　　A.男　　B.女

2. 您所在的行业

A.农、林、牧、渔业　B.采矿业　C.制造业　D.电力、热力、燃气及水生产和供应　E.建筑业　F.批发和零售业　G.交通运输、仓储和邮政业　H.住宿和餐饮业　I.信息传输、软件和信息技术服务业　J.金融业　K.房地产业　L.租赁和商务服务业　M.科学研究和技术服务业　N.水利、环境和公共设施管理业　O.居民服务、修理和其他服务业　P.教育业　Q.卫生和社会工作　R.文化、体育和娱乐业　S.公共管理、社会保障和社会组织　T.国际组织

3. 您所在的企业性质

A.国有企业　B.私营企业　C.中外合资企业　D.个体工商户　E.金融机构　F.国家单位　G.其他

4. 与本行业其他企业相比，您所处企业的规模大小如何？

A.大　B.中　C.小　D.微

5. 公司总部位于哪个城市

A. 哈尔滨市　B. 齐齐哈尔市　C. 牡丹江市　D. 佳木斯市　E. 大庆市　F. 鸡西市　G. 双鸭山市　H. 伊春市　I. 七台河市　J. 鹤岗市　K. 黑河市　L. 绥化市　M. 大兴安岭区

二、营商环境

这一部分，我们感兴趣的是您对企业当前所处地区的各类要素环境的了解情况。答案没有对错之分，请您用1—7打分，得分越高，表明您越认同。

软环境	企业注册	当地注册企业的审批环节手续很简洁	1 2 3 4 5 6 7
		当地的企业名称登记更便利了	1 2 3 4 5 6 7
		能够以清单方式明确列出禁止和限制投资经营的行业、领域、业务等，清单以外的各类市场主体均可依法平等进入	1 2 3 4 5 6 7
	行政审批	前置审批手续烦琐	1 2 3 4 5 6 7
		审批环节多、要件多，审批时间长	1 2 3 4 5 6 7
		权力下放后，由于基层对政策不够熟悉，审批反而更难	1 2 3 4 5 6 7
	法治环境	司法判决执行、落实情况	1 2 3 4 5 6 7
		企业投诉渠道的畅通性	1 2 3 4 5 6 7
		法律对私有财产、知识产权的保护程度	1 2 3 4 5 6 7
	涉企收费	收费项目、收费标准不公开、不透明	1 2 3 4 5 6 7
		多头收费、重复收费、超标准收费	1 2 3 4 5 6 7
		强制企业支付本应由政府支付的费用	1 2 3 4 5 6 7
		对已取消的收费项目仍然收费	1 2 3 4 5 6 7
	政府服务	政府承诺的各项优惠政策能够得到落实	1 2 3 4 5 6 7
		政府工作人员的工作效率和服务态度	1 2 3 4 5 6 7
		政府工作人员办事流程的规范性	1 2 3 4 5 6 7
		政府工作人员在工作中不推诿敢于担责	1 2 3 4 5 6 7
		当地企业可在网上办理审批事项	1 2 3 4 5 6 7
市场环境	合法合规性	市场监管部门能够依法监管	1 2 3 4 5 6 7
		市场监管过程中无乱收费现象	1 2 3 4 5 6 7
		市场监管部门自由裁量权能够明确、细化、量化	1 2 3 4 5 6 7
	公开性	监管过程中随机抽取检查对象，随机选派执法检查人员，抽查情况及检查结果及时向社会公开（双随机一公开）	1 2 3 4 5 6 7

附　录

续　表

市场环境	公平性	政府部门能够公平对待不同所有制企业	1 2 3 4 5 6 7
		政府部门能够公平对待本地和外地企业	1 2 3 4 5 6 7
	社会信用	您对当地的社会整体信用很满意	1 2 3 4 5 6 7
	信用监管	您对当地的信用监管失信惩戒工作很满意	1 2 3 4 5 6 7
	协会、商会服务	行业协会、商会能够有效为企业提供服务	1 2 3 4 5 6 7
	投融资环境	当地的金融服务市场秩序良好，能够满足企业需求	1 2 3 4 5 6 7
		银行办理贷款时资格审查要求合理、审批效率高、服务态度好	1 2 3 4 5 6 7
商务成本环境	人力资源环境	当地的劳动力的素质水平	1 2 3 4 5 6 7
		贵企业雇佣、解雇员工的难易程度	1 2 3 4 5 6 7
		贵企业技术人才的流失程度	1 2 3 4 5 6 7
	涉税事项	企业涉税事项办理起来很便利	1 2 3 4 5 6 7
		您对营改增政策实施效果的满意度	1 2 3 4 5 6 7
		目前企业的税负很重	1 2 3 4 5 6 7
		目前企业承担的社会保障费率很高	1 2 3 4 5 6 7
基础设施环境	配套设施	水、电、气、暖、通讯、垃圾以及污水处理等设施	1 2 3 4 5 6 7
	交通设施	市内交通运输的便利程度	1 2 3 4 5 6 7
生态环境	城市绿化	市内绿化程度，如草皮、树木等	1 2 3 4 5 6 7
	城市旅游	市内旅游景点知名程度	1 2 3 4 5 6 7
社会服务环境	公共安全	您对当地的社会公共安全的满意度	1 2 3 4 5 6 7
	教育服务	您对当地的教育服务的满意度	1 2 3 4 5 6 7
	社会保障	您对当地的社会保障服务的满意度	1 2 3 4 5 6 7
	医疗服务	您对当地的医疗服务的满意度	1 2 3 4 5 6 7
	管理水平	您对当地的城市管理水平的满意度	1 2 3 4 5 6 7

注：营商环境调查相关内容借鉴粤港澳大亚湾、葫芦岛营商环境调查、《基于制度嵌入性的营商环境优化研究——以辽宁省为例》张国勇，娄成武（2018年5月第3期）、深圳营商环境调查、金山区营商环境调查、北京市营商环境调查、广西营商环境调查、2017年中国城市营商环境调查等综合编制。

问卷调查已经结束，再次谢谢您的帮助！

附录2 2020年世界银行营商环境排名前40经济体

Rank	Economy	DB score
1	New Zealand	86.8
2	Singapore	86.2
3	Hong Kong SAR, China	85.3
4	Denmark	85.3
5	Korea, Rep.	84.0
6	United States	84.0
7	Georgia	83.7
8	United Kingdom	83.5
9	Norway	82.6
10	Sweden	82.0
11	Lithuania	81.6
12	Malaysia	81.5
13	Mauritius	81.5
14	Australia	81.2
15	Taiwan, China	80.9
16	United Arab Emirates	80.9
17	North Macedonia	80.7
18	Estonia	80.6
19	Latvia	80.3
20	Finland	80.2
21	Thailand	80.1
22	Germany	79.7
23	Canada	79.6
24	Ireland	79.6
25	Kazakhstan	79.6
26	Iceland	79.0
27	Austria	78.7
28	Russian Federation	78.2
29	Japan	78.0

续 表

Rank	Economy	DB score
30	Spain	77.9
31	China	77.9
32	France	76.8
33	Turkey	76.8
34	Azerbaijan	76.7
35	Israel	76.7
36	Switzerland	76.6
37	Slovenia	76.5
38	Rwanda	76.5
39	Portugal	76.5
40	Poland	76.4

附录3　世行《营商环境》替换版 BEE

1. BEE 面向全球征求意见

世界银行自2002年开始发布的《营商环境报告》（Doing Business）因测评过程的公平性受到质疑于2021年9月宣布停止。

2022年2月4日，世界银行宣布将以 Business Enabling Environment（简称 BEE）取代《营商环境》并同时公布了面向全球的 BEE 的编制方案说明。

2. BEE 测评范围

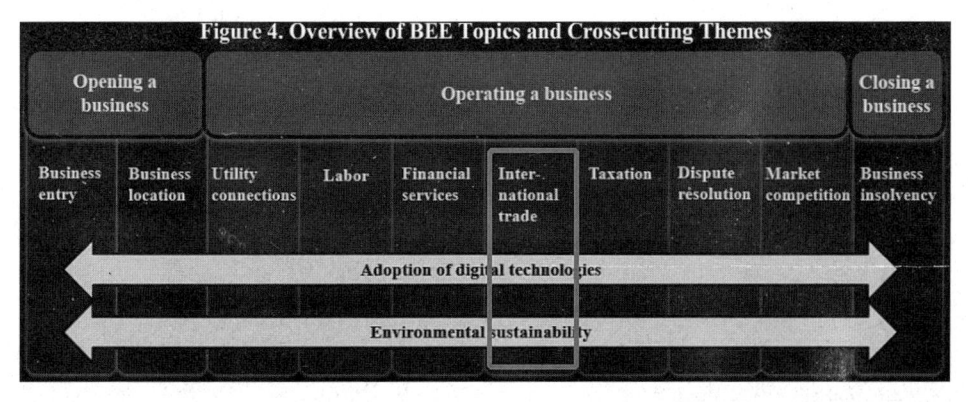

Figure 4. Overview of BEE Topics and Cross-cutting Themes

Opening a business	Operating a business	Closing a business
Business entry / Business location	Utility connections / Labor / Financial services / International trade / Taxation / Dispute resolution / Market competition	Business insolvency

Adoption of digital technologies

Environmental sustainability

如图所示，世行 BEE 的主要功能和目标是从准入门槛、经营场所、公共设施(水、电、通讯等)、用工、金融服务、国际贸易、税务、商业争端解决、市场竞争、终止程序等十个方面考察、测评各国在私营企业从创办、营运、终结(关门)这一生命周期的三大阶段的外部环境条件。

3.BEE考察内容及方法

BEE将主要从(1)法律规章制度是否科学合理,(2)法律规章制度的实际实施状况,(3)政府公共服务质量三个维度分别对以上十个方面进行考察测评。考察方法则主要通过资料数据收集分析(文案)、专家咨询、企业调查,并以尽可能量化的方式来实现。

4.BEE项目实施进展安排

按计划,BEE将于年内开展测评试点并于2022年第三季度出版第一份报告。

参考文献

[1] 宋玉禄,陈欣.新时代企业家精神与企业价值——基于战略决策和创新效率提升视角[J].华东经济管理,2020,34(4):108-119.

[2] David Keeble, Walker Sheila. New Firms, Small Firms and Dead Firms: Spatial Patterns and Determinants in the United Kingdom[J]. Regional Studies, 1994, 28(4): 411-427.

[3] 潘健平,王铭榕,吴沛雯.企业家精神、知识产权保护与企业创新[J].财经问题研究,2015,(12):104-110.

[4] Lihui Tian, Estrin Saul. Retained state shareholding in Chinese PLCs: Does government ownership always reduce corporate value?[J]. Journal of comparative economics, 2008, 36(1): 74-89.

[5] 龙海军.制度环境对企业家精神配置的影响:金融市场的调节作用[J].科技进步与对策,2017,34(7):94-99.

[6] 孔令池.制度环境、企业家精神与高技术产业集聚[J].中国经济问题,2020,(2):16-29.

[7] 阮舟一龙,许志端.县域营商环境竞争的空间溢出效应研究——来自贵州省的经验证据[J].经济管理,2020,42(7):75-92.

[8] J-G Covin, Slevin D-P. A Conceptual Model of Entrepreneurship as Firm Behavior[J]. Social Science Electronic Publishing, 1991, 16(1): 7-26.

[9] Aghion, Philippe. An Empirical Assessment of Knowledge Spillovers and Creative Destruction in a Model of Economic Growth[J]. Nber Macroeconomics Annual, 1993, 8(8): 74-76.

[10] Z Acs. Small Firms And Economic Growth[M]. Edward Elgar Publishing, 1996.

[11] R-H Coase. The Nature of the Firm[J]. Economica, 1937, 4(16): 386-405.

[12] Stephen-J Nickell. Competition and Corporate Performance[J]. Journal of Political Economy, 1996, 104 (4): 724-746.

[13] Parker, Simon C. The economics of entrepreneurship[M]. The economics of entrepreneurship, 2009.

[14] Giulia Faggio, Silva Olmo. Self-employment and entrepreneurship in urban and rural labour markets[J]. Journal of Urban Economics, 2014, 8 (4): 67-85.

[15] Bridget-D A. Job creators[J]. Public interests, 1985, (5): 3-14.

[16] Hugo Erken, Donselaar Piet, Thurik Roy. Total factor productivity and the role of entrepreneurship[J]. Tinbergen Institute Discussion Papers, 2018, 43 (6): 1493-1521.

[17] Matthias Benz. Entrepreneurship as a non-profit-seeking activity[J]. IEW - Working Papers, 2006, 5 (1): 23-44.

[18] Hongbin Li, Yang Zheyu, Yao Xianguo, et al. Entrepreneurship, private economy and growth: Evidence from China[J]. China Economic Review, 2012, 23 (4): 948-961.

[19] Panagiotis Liargovas, Repousis Spyridon. Development Paths in the Knowledge Economy: Innovation and Entrepreneurship in Greece[J]. Journal of the Knowledge Economy, 2015, 6 (4): 1063-1077.

[20] Chiraz Feki, Mnif Sirine. Entrepreneurship, Technological Innovation, and Economic Growth: Empirical Analysis of Panel Data[J]. Journal of the Knowledge Economy, 2016, 7 (4): 984-999.

[21] James-E Prieger, Bampoky Catherine, Blanco Luisa-R, et al. Economic Growth and the Optimal Level of Entrepreneurship[J]. World Development, 2016, 8 (2): 95-109.

[22] Dilip Saikia, Das Kalyani. Entrepreneurship and Micro and Small Enterprises Growth in Assam[J]. Mpra Paper, 2011, 10 (2): 54-64.

[23] Li Xie, Zhang Ai. A Study of Enterprise Management Mode Reform under

the Background of Innovation and Entrepreneurship[J]. International Journal of Intelligent Information and Management Science, 2019, 8（6）: 25-30.

[24] Christine Vallaster, Kraus Sascha. Entrepreneurial branding: growth and its implications for brand management[J]. International Journal of Entrepreneurship & Small Business, 2011, 14（3）: 369-390.

[25] T Gandhi, Raina R. Social entrepreneurship: the need, relevance, facets and constraints[J]. Journal of Global Entrepreneurship Research, 2018, 8（1）: 9-21.

[26] V Collewaert, Fassin Y. Conflicts between entrepreneurs and investors: the impact of perceived unethical behavior[J]. Small Business Economics, 2013, 40（3）: 635-649.

[27] Y Nikolaidis, Fouskas K, Carayannis E-G. Assisting regional policy by rapidly comparing enterprise innovation between regions[J]. Journal of Innovation & Entrepreneurship, 2013, 2（1）: 1-25.

[28] Hannu Littunen, Niittykangas Hannu. The rapid growth of young firms during various stages of entrepreneurship[J]. Journal of Small Business & Enterprise Development, 2010, volume 17（1）: 8-31.

[29] Mariagrazia Squicciarini. Entrepreneurship, innovation and enterprise dynamics[J]. Small Business Economics, 2016, 48（2）: 1-6.

[30] Jannic Horne, Recker Malte, Michelfelder Ingo, et al. Exploring entrepreneurship related to the sustainable development goals - mapping new venture activities with semi-automated content analysis[J]. Journal of Cleaner Production, 2020, 24（21）: 18-52.

[31] Sepideh Yeganegi, Laplume Andre, Dass Parshotam, et al. Individual - Level Ambidexterity and Entrepreneurial Entry[J]. Journal of Small Business Management, 2019, 57（4）: 1444-1463.

[32] Saim Kashmiri, Nicol Cameron, Arora Sandeep. Me, myself, and I:

influence of CEO narcissism on firms' innovation strategy and the likelihood of product-harm crises[J]. Journal of the Academy of Marketing Science, 2017, 45（5）: 633-656.

[33] Tobias Kollmann, Stöckmann Christoph, Linstaedt Jana. Task Conflict, Narcissism and Entrepreneurial Capability in Teams Planning a Business: A Moderated Moderation Approach to Explaining Business Planning Performance[J]. Journal of Small Business Management, 2019, 57（4）: 1399-1423.

[34] Barry Ardley, McIntosh Eleanor. Business strategy and business environment: The impact of virtual communities on value creation[J]. Strategic Change, 2019, 28（5）: 325-331.

[35] Lindsay Barr, Reid John, Catska Pavel, et al. Development of indigenous enterprise in a contemporary business environment – the Ngāi Tahu Ahikā approach[J]. Journal of Enterprising Communities: People and Places in the Global Economy, 2018, 12（4）: 5-14.

[36] H-D Yan, Chiang C, Chien C-S. From original equipment manufacturing to branding: entrepreneurship, strategic leadership, and Taiwan's firm transformation[J]. International Entrepreneurship & Management Journal, 2014, 10（1）: 81-102.

[37] Y-J Hsieh, Wu Y-J. Entrepreneurship through the platform strategy in the digital era: Insights and research opportunities[J]. Computers in Human Behavior, 2019, 95（1）: 315-323.

[38] Mohammad Akhtar, Sushil. Strategic performance management system in uncertain business environment[J]. Business Process Management Journal, 2018, 24（4）: 923-942.

[39] Xi-Bin Zhao. Chaos System, Business Environment and Sustainable Development of Enterprise[J]. China Population Resources & Environment,

2006, 16（2）: 124-127.

[40] E-K-Sadanandan Nambiar. Tamm Review: Re-imagining forestry and wood business: pathways to rural development, poverty alleviation and climate change mitigation in the tropics[J]. Forest Ecology and Management, 2019, 448: 160-173.

[41] Tomasz Mickiewicz, Rebmann Anna, Sauka Arnis. To Pay or Not to Pay? Business Owners' Tax Morale: Testing a Neo-Institutional Framework in a Transition Environment[J]. Journal of Business Ethics, 2019, 157（1）: 1-19.

[42] Tirthankar Nag, Chatterjee Chanchal. Factors influencing firm's local business environment in home country context[J]. Journal of Indian Business Research, 2018, 10（4）: 9-20.

[43] Chrysovalantis Gaganis, Pasiouras Fotios, Voulgari Fotini. Culture, business environment and SMEs' profitability: Evidence from European Countries[J]. Economic modelling, 2019, 78（5）: 275-292.

[44] Matej Lahovnik, Steiner Edith-Bečić. Organization in New Business Environment: a Franchisor's View[J]. Zagreb International Review of Economics and Business, 2019, 22（1）: 83-94.

[45] M Schiffer, Weder B. Firm Size and the Business Environment: Worldwide Survey Results[J]. The World Bank, 2001, 8（12）: 82-90.

[46] Aziz-N Berdiev, Saunoris James-W. Cross－Country Evidence Of Corruption Spillovers To Formal And Informal Entrepreneurship[J]. Contemporary Economic Policy, 2020, 38（1）: 48-66.

[47] Sandra Gaitán, Herrera-Echeverri Hernán, Pablo Eduardo. How corporate governance affects productivity in civil-law business environments: Evidence from Latin America[J]. Global Finance Journal, 2018, 37: 173-185.

[48] C Aby, Sb B, Ao A. Entrepreneurship and sustainability: The need for innovative and institutional solutions[J]. Technological Forecasting and Social

Change, 2018, 129: 232-241.

[49] A John, Storr V-H. Kirznerian and Schumpeterian entrepreneurship in Trinidad and Tobago[J]. Journal of Enterprising Communities, 2018, 12 (5): 582-610.

[50] L Szerb, Lafuente E, Horváth K, et al. The relevance of quantity and quality entrepreneurship for regional performance: the moderating role of the entrepreneurial ecosystem[J]. Regional Studies, 2019, 53 (9): 1308-1320.

[51] Noor-Hazlina Ahmad, Ramayah T, Wilson Carlene, et al. Is entrepreneurial competency and business success relationship contingent upon business environment?: A study of Malaysian SMEs[J]. International Journal of Entrepreneurial Behaviour & Research, 2010, 16 (3-4): 182-203.

[52] Nikitina, Lapiņa. Creating and managing knowledge towards managerial competence development in contemporary business environment[J]. Knowledge Management Research & Practice, 2019, 17 (1): 96-107.

[53] 孙早, 刘庆岩. 市场环境、企业家能力与企业的绩效表现——转型期中国民营企业绩效表现影响因素的实证研究 [J]. 南开经济研究, 2006, (2): 92-104.

[54] 何予平. 企业家精神与中国经济增长——基于 C-D 生产函数的实证研究 [J]. 当代财经, 2006, (7): 95-100.

[55] 张小蒂, 赵榄. 企业家人力资本结构与地区居民富裕程度差异研究 [J]. 中国工业经济, 2009, (12): 16-25.

[56] 杨勇, 朱乾, 达庆利. 中国省域企业家精神的空间溢出效应研究 [J]. 中国管理科学, 2014, 22 (11): 105-113.

[57] 李宏彬, 李杏, 姚先国, 等. 企业家的创业与创新精神对中国经济增长的影响 [J]. 经济研究, 2009, 44 (10): 99-108.

[58] 郭凯明, 余靖雯, 龚六堂. 人口转变、企业家精神与经济增长 [J]. 经济学（季刊), 2016, 15 (3): 989-1010.

[59] 孙早,刘李华.社会保障、企业家精神与内生经济增长[J].统计研究,2019,36(1):77-91.

[60] 曾铖,郭兵,罗守贵.企业家精神与经济增长方式转变关系的文献述评[J].上海经济研究,2015,(2):120-129.

[61] 李小平,李小克.企业家精神与地区出口比较优势[J].经济管理,2017,39(9):66-81.

[62] 谢雪燕,郭媛媛,朱晓阳,等.融资约束、企业家精神与企业绩效关系的实证分析[J].统计与决策,2018,34(20):180-184.

[63] 李兰,仲为国,彭泗清,等.当代企业家精神:特征、影响因素与对策建议——2019中国企业家成长与发展专题调查报告[J].南开管理评论,2019,22(5):4-12.

[64] 毛良虎,李焕焕,杨叶凡,等.基于熵值法的企业家精神评价体系构建[J].统计与决策,2020,36(6):156-160.

[65] 杨俊青."双创"背景下企业家精神培育[J].中国科技论坛,2019,(3):3-5.

[66] 蒋小仙,项凯标,王鹏.区域经济发展与企业家精神的配置[J].企业经济,2018,(1):31-37.

[67] 何文剑,苗妙,张红霄.制度环境、企业家精神配置与企业绩效——来自中国制造业上市公司的经验证据[J].山东大学学报(哲学社会科学版),2019,(4):40-54.

[68] 钟春平.中国需要什么样的企业家和企业家精神[J].人民论坛,2018,(35):36-37.

[69] 刘志阳.改革开放四十年企业家精神的演进[J].人民论坛,2018,(35):24-25.

[70] 张守凤,周海洋,李淑萍.企业家精神发展路径及研究方法概述[J].华东经济管理,2011,25(5):141-143.

[71] 李鑫,张庆功.企业家精神与中小上市公司成长[J].河北经贸大学学报

（综合版），2014，14（3）：59-63.

[72] 向明生. 基于企业家精神的中小企业成长机理探析 [J]. 当代经济，2015，（2）：20-21.

[73] 张仲礼. 美国召开中国企业家精神讨论会 [J]. 上海经济研究，1983，（5）：59-60.

[74] 杨东，李垣. 公司企业家精神、战略联盟对创新的影响研究 [J]. 科学学研究，2008，（5）：1114-1118.

[75] 陈俊龙，齐平，李夏冰. 企业家精神、企业成长与经济增长 [J]. 云南社会科学，2014，（3）：84-88.

[76] 乐国林，毛淑珍. 企业家精神地域差异与区域民营经济增长——基于鲁浙两地私营企业成长整体比较 [J]. 商业经济与管理，2011，（7）：43-50.

[77] 冯伟，李嘉佳. 企业家精神与产业升级：基于经济增长原动力的视角 [J]. 外国经济与管理，2019，41（6）：29-42.

[78] 宛群超，袁凌. 空间集聚、企业家精神与区域创新效率 [J]. 软科学，2019，33（8）：32-38.

[79] 韩文龙. "技术进步—制度创新—企业家精神"的创新组合及其增长效应 [J]. 社会科学辑刊，2019，（3）：202-212.

[80] 李元旭，曾铖. 政府规模、技术创新与高质量发展——基于企业家精神的中介作用研究 [J]. 复旦学报（社会科学版），2019，61（3）：155-166.

[81] 王昌林，赵翀. 加快营造国际一流的营商环境——关于当前深化"放管服"改革、优化营商环境的一些思考 [J]. 中国行政管理，2019，（7）：19-20.

[82] 孙早，刘李华. 不平等是否弱化了企业家精神——来自转型期中国的经验证据 [J]. 财贸经济，2019，40（2）：16.

[83] 陈逢文，郑圣楠，付龙望. 企业家精神、人力资本与中国经济发展——基于2005~2014年省级面板数据的实证研究 [J]. 福建论坛（人文社会科学版），2018，（11）：67-76.

[84] 周敏慧，Jean-Louis ARCAND，陶然. 企业家精神代际传递与农村迁移人

口的城市创业[J]. 经济研究, 2017, 52 (11): 74-87.

[85] 程锐. 企业家精神与区域内收入差距: 效应与影响机制分析[J]. 经济管理, 2019, 41 (6): 91-108.

[86] 叶作义, 吴文彬. 企业研发投入的驱动因素分析——基于中国上市公司企业家精神角度[J]. 上海对外经贸大学学报, 2018, 25 (2): 40-51.

[87] 郭熙保, 龚广祥. 腐败、市场化与民营企业家生产性活动配置[J]. 江海学刊, 2019, (1): 99-107.

[88] 葛宣冲. 企业家精神与民营企业创新发展的耦合机制研究[J]. 经济问题, 2019, (6): 43-48.

[89] 梁强, 王博, 宋丽红, 等. 制度复杂性与家族企业成长——基于正大集团的案例研究[J]. 南开管理评论, 2020, 23 (3): 51-62.

[90] 刘淑满. 进一步优化营商环境的法治考量[J]. 人民论坛, 2019, (19): 104-105.

[91] 刘俊海. 营商环境法治化的关键[J]. 中国流通经济, 2019, 33 (8): 3-10.

[92] 梁洪学. 激发释放企业家精神的制度环境——对企业家精神的再认识[J]. 学习与探索, 2019, (2): 137-142.

[93] 夏后学, 谭清美, 白俊红. 营商环境、企业寻租与市场创新——来自中国企业营商环境调查的经验证据[J]. 经济研究, 2019, 54 (4): 84-98.

[94] 冯涛, 张美莎. 营商环境、金融发展与企业技术创新[J]. 科技进步与对策, 2020, 37 (6): 147-153.

[95] 陈颖, 陈思宇, 王临风. 城市营商环境对企业创新影响研究[J]. 科技管理研究, 2019, 39 (12): 20-28.

[96] 张军. 企业家精神与金融制度创新——关于"网络经济"的假说[J]. 上海商业, 2000, (6): 15-16.

[97] 朱富强. 如何引导"企业家精神"的合理配置——兼论有为政府和有效市场的结合[J]. 教学与研究, 2018, (5): 51-58.

[98] 刘军, 付建栋. 营商环境优化、双重关系与企业产能利用率[J]. 上海财经

大学学报, 2019, 21 (4): 70-89.

[99] 谢众, 张杰. 营商环境、企业家精神与实体企业绩效——基于上市公司数据的经验证据 [J]. 工业技术经济, 2019, 38 (5): 89-96.

[100] 王效俐, 马利君. 政府管制对企业家精神的影响研究——基于30个省份的面板数据 [J]. 同济大学学报 (社会科学版), 2019, 30 (2): 107-117.

[101] 陈怡安, 赵雪苹. 制度环境与企业家精神: 机制、效应及政策研究 [J]. 科研管理, 2019, 40 (5): 90-100.

[102] 魏淑艳, 孙峰. 东北地区投资营商环境评估与优化对策 [J]. 长白学刊, 2017, (6): 84-92.

[103] 满姗, 吴相利. 国内外营商环境评价指标体系的比较解读与启示 [J]. 统计与咨询, 2018, (3): 27-30.

[104] 袁志明, 虞锡君, 顾骅珊, 等. 县域市场营商环境评价指标测度方法研究 [J]. 嘉兴学院学报, 2018, 30 (4): 105-110.

[105] R Cantillon. Essay on the Nature of Commerce in General[M]. Transaction Publishers, 2003.

[106] Zhang Chuanchuan. Clans, entrepreneurship, and development of the private sector in China[J]. Journal of Comparative Economics, 2020, 48 (1): 100-123.

[107] 陈茜儒, 贺建风. 金融发展、腐败行为与企业家"双创"精神——基于门限面板模型的实证视角 [J]. 商业经济与管理, 2020, (12): 61-72.

[108] Serazul Islam. Entrepreneurs' biographic characteristics and small enterprise growth in Bangladesh: an empirical analysis[J]. Jims8m the Journal of Indian Management & Strategy, 2014, 19 (1): 4.

[109] 汪岩桥. 企业家精神与现代化发展 [J]. 中共浙江省委党校学报, 2003, (6): 52-54.

[110] 旷锦云, 程启智. 企业家精神与企业可持续发展 [J]. 经济问题探索, 2010, (10): 80-85.

[111] 白少君, 崔萌筱, 耿紫珍. 创新与企业家精神研究文献综述 [J]. 科技进步

与对策，2014，31（23）：178-182.

[112] 李艳双，朱丽娜. 激发保护民营企业的企业家精神[J]. 宏观经济管理，2019，(11)：75-80.

[113] 丁栋虹. 企业家精神[M]. 清华大学出版社，2010.

[114] 吴炯，张引. 中国企业家精神内涵研究——以企业家鲁冠球为例[J]. 管理案例研究与评论，2019，12（3）：259-272.

[115] Jeffrey-G Covin, Slevin Denis-P. Adherence to plans, risk taking, and environment as predictors of firm growth[J]. Journal of High Technology Management Research, 1998, 9（2）：207-237.

[116] 陈劲，朱朝晖，王安全. 公司企业家精神培育的系统理论假设模型及验证[J]. 南开管理评论，2003，(5)：36-41.

[117] Robert-F Hebert, Link Albert-N. In search of the meaning of entrepreneurship[J]. Small Business Economics, 1989, 1（1）：39-49.

[118] 袁晓玲，李政大，白天元. 基于市场环境调节的企业家精神与EVA绩效研究[J]. 西安交通大学学报（社会科学版），2012，32（3）：36-42.

[119] Joseph A. Schumpeter. 经济发展理论[M]. 商务印书馆，1990：64.

[120] William Baumol. 历史上的企业家精神：从古代美索不达米亚到现代[M]. 中信出版集团，2021：34.

[121] 张璇，刘贝贝，胡颖. 吃喝腐败、税收寻租与企业成长——来自中国企业的经验证据[J]. 南方经济，2016，(11)：1-21.

[122] 杨其静. 企业成长：政治关联还是能力建设？[J]. 经济研究，2011，46（10）：54-66.

[123] Raghuram-G Rajan, Zingales Luigi. What Do We Know about Capital Structure? Some Evidence from International Data[J]. Journal of Finance, 1995, 50.

[124] C-Carl Pegels, Yang Song-Baik. Management heterogeneity, competitive interaction groups, and firm performance[J]. Strategic Management Journal,

2000, 21（9）：911-923.

[125] 刘巨钦. 企业集群内生性成长的演进分析 [J]. 湘潭大学学报（哲学社会科学版）, 2008,（1）：65-70.

[126] 庄亚明, 李金生, 何建敏. 企业成长的内生能力模型与实证研究 [J]. 科研管理, 2008,（5）：155-166.

[127] 乔明哲, 吴为民, 徐士伟, 等. 股权集中、R&D 强度与创业企业成长——来自深圳创业板的证据 [J]. 北京理工大学学报（社会科学版）, 2019, 21（6）：80-89.

[128] 徐鹏. 子公司动态竞争能力培育机制及效应研究：基于公司治理视角 [M]. 子公司动态竞争能力培育机制及效应研究：基于公司治理视角, 2016.

[129] 刘小元, 蓝子淇, 葛建新. 机会共创行为对社会企业成长的影响研究——企业资源的调节作用 [J]. 研究与发展管理, 2019, 31（1）：21-32.

[130] 宋程成, 任彬彬. 群体多元化与社会企业成长：基于结构起源视角的考察 [J]. 福建论坛（人文社会科学版）, 2020,（6）：115-124.

[131] 彭罗斯, 赵晓. 企业成长理论 [M]. 上海人民出版社, 2007.

[132] 王向阳, 徐鸿. 企业成长性标准的界定研究 [J]. 中国软科学, 2001,（7）：64-67.

[133] 姚世斌. 基于技术创新的中小企业成长性实证研究 [J]. 科技管理研究, 2010, 30（5）：12-15.

[134] Kate Hutchings, Murray Georgina. Working with Guanxi: An Assessment of the Implications of Globalisation on Business Networking in China[J]. Creativity and Innovation Management, 2002, 11（3）：184-191.

[135] Christian-M Rogerson. Economic Governance and the Local Business Environment: Evidence from Two Economically Lagging Provinces of South Africa[J]. Urban Forum, 2010, 21（4）：349-366.

[136] Eva Hamplová, Provazníková Kate-Ina. Assessment of the Business Environment Competitiveness in the Czech Republic and EU[J]. Procedia -

Social and Behavioral Sciences, 2014, 109（1）: 1225-1229.

[137] 张国勇, 娄成武. 基于制度嵌入性的营商环境优化研究——以辽宁省为例[J]. 东北大学学报（社会科学版）, 2018, 20（3）: 277-283.

[138] 娄成武, 张国勇. 治理视阈下的营商环境：内在逻辑与构建思路[J]. 辽宁大学学报（哲学社会科学版）, 2018, 46（2）: 59-65.

[139] 张三保, 曹锐. 中国城市营商环境的动态演进、空间差异与优化策略[J]. 经济学家, 2019,（12）: 78-88.

[140] 丁鼎, 高强, 李宪翔. 我国城市营商环境建设历程及评价——以36个省会城市、直辖市及计划单列市为例[J]. 宏观经济管理, 2020,（1）: 55-66.

[141] 世行《2020年营商环境报告》称中国大力推进改革议程[J]. 国际融资, 2019,（12）: 56.

[142] 米尔顿·弗里德曼, 施瓦茨安娜·J. 美国货币史：1867-1960[M]. 美国货币史：1867-1960, 2009.

[143] 胡益, 李启华, 江丽鑫. 广东营商环境指标体系研究[A]//2015.

[144] 卢万青, 陈万灵. 营商环境、技术创新与比较优势的动态变化[J]. 国际经贸探索, 2018, 34（11）: 17.

[145] 记者.《2020年中国296个地级及以上城市营商环境报告》发布[J]. 经济展望, 2020,（S01）: 7.

[146] D-C Hambrick, Mason P-A. Upper Echelons: The Organization as a Reflection of Its Top Managers[J]. Academy of Management Review, 1984, 9（2）: 193-206.

[147] Mandy Wheadon, Duval Nathalie. The Gendering of Entrepreneurship on Reality Television[J]. Journal of Small Business Management, 2019, 57（4）: 1676-1697.

[148] Michael Fretschner, Lampe Hannes. Detecting Hidden Sorting and Alignment Effects of Entrepreneurship Education[J]. Journal of Small Business Management, 2019, 57（4）: 1712-1737.

[149] Tatiana-S Manolova, Edelman Linda-F, Shirokova Galina, et al. Youth entrepreneurship in emerging economies: can family support help navigate institutional voids?[J]. Journal of East-West Business, 2019, 25（4）: 363-395.

[150] Bogdan Fleaca. Organization and Business Environment Collaborative Model to Increase the Innovation Capacity[J]. International conference KNOWLEDGE-BASED ORGANIZATION, 2018, 24（1）: 296-301.

[151] Alistair-R Anderson, Warren Lorraine, Bensemann Jo. Identity, Enactment, and Entrepreneurship Engagement in a Declining Place[J]. Journal of Small Business Management, 2019, 57（4）: 1559-1577.

[152] Ebert Tobias, Friedrich Götz, Martin Obschonka, et al. Regional variation in courage and entrepreneurship: The contrasting role of courage for the emergence and survival of start-ups in the United States.[J]. Journal of personality, 2019, 87（5）: 1039-1055.

[153] Esterhuyzen Elriza, Louw Leonie. Small business success: Identifying safety hazards and safety risks.[J]. Jamba (Potchefstroom, South Africa), 2019, 11（1）: 1-7.

[154] 杨林. 管家理论与代理理论的比较分析[J]. 外国经济与管理, 2004,（2）: 22-27.

[155] Jhd-Lex Donaldson. Stewardship Theory or Agency Theory: CEO Governance and Shareholder Returns by[J]. 2011.

[156] 张志波. 现代管家理论研究述评[J]. 山东社会科学, 2008,（11）: 155-158.

[157] 贾建锋, 唐贵瑶, 李俊鹏, 等. 高管胜任特征与战略导向的匹配对企业绩效的影响[J]. 管理世界, 2015,（2）: 120-132.

[158] Kenneth-W Clarkson, Miller Le-Roy. Industrial organization : theory, evidence, and public policy[M]. McGraw-Hill, 1982.

[159] Ji-Ung Kim, Jang Young-Soo. Analysis of Seafood Processing Industry in Terms of Industrial Organization Theory--Focusing on main seafood processing industry of Gyeongsangbuk-do[J]. Journal of Fishries and Marine Sciences Education, 2018, 30（5）: 1507-1518.

[160] 杨道广, 王佳妮, 陈丽蓉. "矫枉过正"抑或"合理管控"?——内部控制在企业创新中的作用[J]. 经济管理, 2019, 41（8）: 113-129.

[161] 陈长江, 高波. 制度、企业家精神与中国经济增长动力的再检验[J]. 经济经纬, 2012,（1）: 5.

[162] 郑尚植, 贾思宇, 夏奕天. 企业家精神对东北三省经济增长影响的实证研究[J]. 东北财经大学学报, 2018,（1）: 6.

[163] 杨杜. 企业成长论[M]. 北京: 中国人民大学出版社, 1996.

[164] 邬爱其, 贾生华. 企业成长机制理论研究综述[J]. 科研管理, 2007,（2）: 53-58.

[165] 席彦群, 赵宏, 罗媛媛. 论寻租理论与会计政策选择[J]. 管理世界, 2003,（5）: 139-140.

[166] 杨宏力. 寻租理论的发展流变及其方向瞻望——兼论隐匿权威寻租的源起与治理[J]. 经济学家, 2010,（8）: 100-104.

[167] Shaista Noor, Isa Filzah. Contributing factors of women entrepreneurs' business growth and failure in Pakistan[J]. International Journal of Business and Globalisation, 2020, 25（4）: 503-518.

[168] J-S Watson. Preservation of the environment and open space through free market housing incentives.[D]. University of Illinois at Chicago., 2006.

[169] L Escriche. Persistence of occupational segregation: The role of the intergenerational transmission of preferences[J]. Economic Journal, 2007,（520）.

[170] Joanne Gillis-Donovan, Moynihan-Bradt Carolyn. The Power of Invisible Women in the Family Business[J]. Family Business Review, 1990, 3（2）:

153-167.

[171] Bat Batjargal, Webb Justin, Tsui Anne, et al. The moderating influence of national culture on female and male entrepreneurs' social network size and new venture growth[J]. Cross Cultural & Strategic Management, 2019, 26 (4): 490-521.

[172] Shantanu, Priyanka, Khoa. Insight of entrepreneurship in Indian context[J]. Journal for Global Business Advancement, 2020, 13 (3): 321-335.

[173] D Miller. The Correlates of Entrepreneurship in Three Types of Firms, Management Science, Jg. 29, S. 770-791[J]. Management Science, 1983, 29 (7): 770-791.

[174] 吕佳, 郭元源, 程聪. 创业活动有效性: 一项关于创业者的 Meta 分析检验[J]. 外国经济与管理, 2018, 40 (6): 29-43.

[175] 张玉利, 刘依冉, 杨俊, 等. 创业者认知监控能改善绩效吗？一个整合模型及实证检验[J]. 研究与发展管理, 2017, 29 (2): 1-9.

[176] Danny Miller. The Correlates of Entrepreneurship in Three Types of Firms[J]. Management Science, 1983, 29 (7): 770-791.

[177] 刘光彦, 姜双双. R&D 投入对企业成长性影响的实证研究——来自创业板上市公司的数据[J]. 山东社会科学, 2020, (3): 123-128.

[178] Baker Ted, Reed Nelson. Creating Something from Nothing: Resource Construction through Entrepreneurial Bricolage[J]. Administrative Science Quarterly, 2005, 50 (3): 329-366.

[179] M Lee, Joo Y. The Effect of Technology-Based Entrepreneurship (TBE) Activities on Firms Growth[J]. Asia-Pacific Journal of Business Venturing and Entrepreneurship, 2019, 14 (6): 59-76.

[180] M-S Freel, Robson Pja. Small firm innovation, growth and performance - Evidence from Scotland and northern England[J]. International Small Business Journal, 2004, 22 (6): 561-575.

[181] 喻雁. 研发支出与企业绩效相关性的实证分析——以创业板上市公司为研究对象[J]. 会计之友, 2014, (36): 58-61.

[182] Nakano Makoto, Pascal Nguyen. Board Size and Corporate Risk Taking: Further Evidence from Japan[J]. Corporate Governance: An International Review, 2012, 20 (4): 369-387.

[183] 马卫东, 游玲杰, 胡长深. 企业家精神、开拓能力与组织绩效——基于苏北地区企业的实证分析[J]. 企业经济, 2012, 31 (8): 37-41.

[184] A Notkin. Theory of Economic Growth[J]. Econometrica, 2014, 17 (1): 112-116.

[185] Z Acs, Audretsch D, Lehmann E. The knowledge spillover theory of entrepreneurship[J]. Small Business Economics, 2013, 41 (4): 757-774.

[186] 魏下海, 董志强, 张永璟. 营商制度环境为何如此重要?——来自民营企业家"内治外攘"的经验证据[J]. 经济科学, 2015, (2): 105-116.

[187] 张龙鹏, 蒋为, 周立群. 行政审批对创业的影响研究——基于企业家才能的视角[J]. 中国工业经济, 2016, (4): 57-74.

[188] V-Y Atiase, Mahmood S, Yong W, et al. Developing Entrepreneurship in Africa: Investigating critical resource challenges[J]. Journal of Small Business & Enterprise Development, 2017, 25 (4): 644-666.

[189] 唐国华. 企业家才能配置与经济增长——基于省际面板数据的经验研究[J]. 科学学与科学技术管理, 2012, 33 (11): 110-116.

[190] Chong-Kyoon Lee, Cottle Griffin-W, Simmons Sharon-A, et al. Fear not, want not: Untangling the effects of social cost of failure on high-growth entrepreneurship[J]. Small Business Economics, 2020, 12 (2): 1-23.

[191] T Yay, Yay G-G, Aksoy T. Impact of institutions on entrepreneurship: a panel data analysis[J]. Eurasian Economic Review, 2018, 8 (1): 1-30.

[192] 程俊杰. 制度变迁、企业家精神与民营经济发展[J]. 经济管理, 2016, 38 (8): 39-54.

[193] Michał Wierzbicki, Nowodziński Paweł. Imitation and innovation in business environment[J]. Production Engineering Archives, 2019, 22（22）: 36-40.

[194] 张璐, 赵爽, 张强, 等. 如何实现模仿创新能力到协同创新能力的跃迁?[J]. 科学学研究, 2020, 38（5）: 936-948.

[195] 马红, 王元月. 融资约束、政府补贴和公司成长性——基于我国战略性新兴产业的实证研究[J]. 中国管理科学, 2015, 23（S1）: 630-636.

[196] 刘迫, 刘孟. 高管薪酬激励、创业战略导向与创业型企业成长性关系研究[J]. 工业技术经济, 2017, 36（4）: 81-87.

[197] 江新峰, 张敦力, 汪晓飞. 管理者乐观情绪、研发支出与企业成长性[J]. 科学决策, 2018,（2）: 22-39.

[198] 李梦雅, 严太华, 郝晨. 债务结构、产权性质与公司成长性[J]. 重庆大学学报（社会科学版）, 2018, 24（5）: 80-94.

[199] 池仁勇, 潘李鹏. 知识产权能力、外部知识产权保护强度与企业成长性[J]. 科技进步与对策, 2016, 33（1）: 76-80.

[200] 鲁虹, 李晓庆, 邢亚楠. 高管团队人力资本与企业成长性关系研究——基于创业板上市公司的实证研究[J]. 科技管理研究, 2014, 34（4）: 157-162.

[201] 李海霞. CEO权力、风险承担与公司成长性——基于我国上市公司的实证研究[J]. 管理评论, 2017, 29（10）: 198-210.

[202] 谢赤, 樊明雪, 胡扬斌. 创新型企业成长性、企业价值及其关系研究[J]. 湖南大学学报（社会科学版）, 2018, 32（5）: 58-64.

[203] 李政, 刘丰硕. 企业家精神提升城市全要素生产率了吗?[J]. 经济评论, 2020,（1）: 131-145.

[204] 武志勇, 马永红. 融资约束、创新投入与国际化经营企业价值研究[J]. 科技进步与对策, 2019, 36（9）: 102-109.

[205] Z Xie, Zhang J, Economics S-O. Business Environment, Entrepreneurship

and Real Economy Development ——Micro Evidence from Chinese Listed Companies[J]. Journal of Industrial Technological Economics，2019.

[206] 刘军. 营商环境、企业特惠度与异质性出口行为 [J]. 山西财经大学学报，2019，41（9）：61-76.

[207] Arif，Salman，Lee，et al. Aggregate Investment and Investor Sentiment[J]. Review of Financial Studies，2014.

[208] 张红彬，黄海艳，胡谍. 小微新创企业的风险承担对绩效的影响：动态能力的调节作用 [J]. 华东经济管理，2018，32（11）：8.

[209] Makoto Nakano，Nguyen Pascal. Board Size and Corporate Risk Taking：Further Evidence from Japan[J]. Corporate Governance：An International Review，2012，20.

[210] N Balakrishnan，Colton T，Everitt B，et al. Wiley StatsRef：Statistics Reference Online || Structural Models of Corporate Credit Risk[J]. 2014.

[211] 何威风，刘巍. EVA 业绩评价与企业风险承担 [J]. 中国软科学，2017，（6）：18.

[212] 李小荣，张瑞君. 股权激励影响风险承担：代理成本还是风险规避？[J]. 会计研究，2014，（1）：7.

[213] 王素莲，阮复宽. 企业家风险偏好对 R&D 投入与绩效关系的调节效应——基于中小企业板上市公司的实证研究 [J]. 经济问题，2015，（6）：80-83.

[214] Leonce-L-Bargeron-And Zutter. Sarbanes-Oxley and corporate risk-taking[J]. Journal of Accounting and Economics，2010.

[215] M Faccio，Marchica M-T，Mura R. Large Shareholder Diversification And Corporate Risk- Taking[J]. Purdue University，Department of Economics，2010，（11）.

[216] 余明桂，李文贵，潘红波. 管理者过度自信与企业风险承担 [J]. 金融研究，2013，（1）：15.

[217] 郑方辉，王正，魏红征. 营商法治环境指数：评价体系与广东实证[J]. 广东社会科学，2019，(5)：214-223.

[218] B-E Hansen. Threshold effects in non-dynamic panels：Estimation，testing，and inference[J]. Journal of Econometrics，1999.

[219] G-T Lumpkin，Dess Gregory-G. Linking two dimensions of entrepreneurial orientation to firm performance：The moderating role of environment and industry life cycle[J]. Journal of Business Venturing，2001，16（5）：429-451.

[220] 谢雪燕，郭媛媛，朱晓阳，等.融资约束、企业家精神与企业绩效关系的实证分析[J].统计与决策，2018，34（20）：180-184.

[221] Hambrick，D.，C.，et al. Upper Echelons：The Organization as a Reflection of Its Top Managers.[J]. Academy of Management Review，1984.

[222] Jia-Sheng Lee，Hsieh Chia-Jung. A Research In Relating Entrepreneurship，Marketing Capability，Innovative Capability And Sustained Competitive Advantage[J]. Journal of Business & Economics Research，2010，8（9）.

[223] 王素莲，阮复宽.企业家风险偏好对R&D投入与绩效关系的调节效应——基于中小企业板上市公司的实证研究[J]. 经济问题，2015，(6)：80-83.

[224] 俞仁智，何洁芳，刘志迎.基于组织层面的公司企业家精神与新产品创新绩效——环境不确定性的调节效应[J].管理评论，2015，27（9）：85-94.

[225] Zeki Simsek，Heavey Ciaran-Bernard，Veiga John-F，et al. A Typology for Aligning Organizational Ambidexterity's Conceptualizations，Antecedents，and Outcomes[J]. Journal of Management Studies，2010，46（5）：864-894.

[226] 王凤彬，陈建勋，杨阳.探索式与利用式技术创新及其平衡的效应分析[J].管理世界，2012，(3)：96-112.

[227] Hai Guo，Su Zhongfeng，Ahlstrom David. Business model innovation：The effects of exploratory orientation，opportunity recognition，and entrepreneurial bricolage in an emerging economy[J]. Asia Pacific Journal of

Management, 2016.

[228] 弋亚群, 邹明, 谭国华. 企业家导向、组织学习与技术创新的关系研究 [J]. 软科学, 2010, 24 (8): 17-20.

[229] 赵健宇, 廖文琦, 袭希. 创业导向与探索式创新的关系: 一个双中介效应模型 [J]. 管理科学, 2019, 32 (2): 33-49.

[230] 齐秀辉, 王毅丰, 孙政凌. 双元创新、企业家冒险倾向与企业绩效研究 [J]. 科技进步与对策, 2020, 37 (16): 104-110.

[231] 彭灿, 李瑞雪, 杨红, 等. 动态及竞争环境下双元创新与企业可持续发展关系研究 [J]. 科技进步与对策, 2020, 37 (15): 70-79.

[232] Thomas Fischer, Gebauer Heiko, Gregory Mike, et al. Exploitation or exploration in service business development?: Insights from a dynamic capabilities perspective[J]. Journal of Service Management, 2010.

[233] 李健, 曹文文, 乔嫣, 等. 经营期望落差、风险承担水平与创新可持续性——民营企业与非民营企业的比较研究 [J]. 中国软科学, 2018, (2): 140-148.

[234] Paul-E-Bierly Iii, Daly Paula-S. Alternative Knowledge Strategies, Competitive Environment, and Organizational Performance in Small Manufacturing Firms[J]. Entrepreneurship Theory and Practice, 2007.

[235] 李忆, 司有和. 探索式创新、利用式创新与绩效: 战略和环境的影响 [J]. 南开管理评论, 2008, (5): 4-12.

[236] 胡超颖, 金中坤. 探索式创新、利用式创新与企业绩效关系的元分析 [J]. 企业经济, 2017, 36 (5): 79-85.

[237] 陶秋燕, 孟猛猛. 探索式创新和利用式创新对组织绩效的影响——基于中国中小企业的实证 [J]. 北京理工大学学报(社会科学版), 2018, 20 (2): 102-108.

[238] Mary-J-Benner-Michael Tushman. Exploitation, exploration, and process management: The productivity dilemma revisited[A]//2003.

[239] 吴俊杰, 盛亚, 姜文杰. 企业家社会网络、双元性创新与技术创新绩效研究 [J]. 科研管理, 2014, 35 (2): 43-53.

[240] Xuanwei Cao, Zhang Xiaojun, Xi Youmin. Ambidextrous organization in harmony: A multi-case exploration of the value of HeXie management theory[J]. Chinese Management Studies, 2007, 5 (2): 146-163.

[241] 李桦, 储小平, 郑馨. 双元性创新的研究进展和研究框架 [J]. 科学学与科学技术管理, 2011, 32 (4): 58-65.

[242] 黄海艳, 张红彬. 新时代企业家精神内涵及培育机制研究 [J]. 国家行政学院学报, 2018, (6): 42-46.

[243] 徐宁, 姜楠楠, 张晋. 股权激励对中小企业双元创新战略的影响研究 [J]. 科研管理, 2019, 40 (7): 163-172.

[244] 肖海莲, 周美华. 负债抑制了企业家精神吗 [J]. 社会科学研究, 2019, (1): 45-54.

[245] Todd-M Alessandri, Pattit Jason-M. Drivers of R&D investment: The interaction of behavioral theory and managerial incentives[J]. Journal of Business Research, 2014, 67 (2): 151-158.

[246] 万旭仙, 王虹, 何佳. 企业金融资产配置对双元创新的影响——高管激励的调节效应 [J]. 科技进步与对策, 2019, 36 (4): 124-132.

[247] 陈逢文, 张沁怡, 王鲜云. 企业家精神、外资依存度与区域经济增长 [J]. 管理世界, 2018, 34 (2): 178-179.

[248] 毕晓方, 翟淑萍, 姜宝强. 政府补贴、财务冗余对高新技术企业双元创新的影响 [J]. 会计研究, 2017, (1): 46-52.

[249] 张福, 黄倩倩. 基于动力机制的企业创新能力构成要素和评价指标研究 [J]. 广西经济管理干部学院学报, 2016.

[250] 田虹, 崔悦. 企业家精神与中小企业成长的影响机制研究 [J]. 南通大学学报: 社会科学版, 2017, 33 (6): 6.